2020년 가야학술제전 학술총서 03

삼국시대 금동관 비교연구

2020년 가야학술제전 학술총서 03
삼국시대 금동관 비교연구

초판 1쇄 발행 | 2021년 8월 31일

지 은 이 | 김재열, 홍성율, 이현상, 하대룡
기   획 | 이정근, 김연미(국립김해박물관), 이해련, 정주희(복천박물관)
편집·진행 | 김민철(국립김해박물관)
발   행 | 국립김해박물관
          50911 경상남도 김해시 가야의 길 190 국립김해박물관
          T. 055-320-6800   F. 055-325-9334
          http://gimhae.museum.go.kr
출   판 | 진인진
          13837 경기도 과천시 별양상가 1로 18, 614
          T. 02-507-3077   F. 02-507-3079

ISBN 978-89-6347-478-6 94910 / 978-89-6347-475-5 94910(세트)

ⓒ 2021 Gimhae National Museum of Korea All rights reserved.

* 이 책의 저작권은 국립김해박물관이 소유하고 있습니다.
* 이 책에 담긴 모든 내용은 국립김해박물관의 허가를 받아 사용할 수 있습니다.

2020년 가야학술제전 학술총서 03

김재열 홍성율 이현상 하대룡 —— 지음

삼국시대 금동관 비교연구

복천박물관
국립김해박물관

2019년 가야학술제전

	주제	개최일
1	문자로 본 가야	2019. 6. 1.
2	삼한의 신앙과 의례	2019. 7.12.
3	삼국시대 마주·마갑 연구 성과와 과제	2019. 8.30.
4	가야사람 풍습연구-편두	2019. 9.27.
5	가야 직물 연구	2019.10.25.

2020년 가야학술제전

	주제	개최일
1	가야의 기록, 「가락국기」를 이야기하다	2020. 7.11.
2	영남의 지석묘 사회 가야 선주민의 무덤	2020. 8.14.
3	삼국시대 금동관 비교연구	2020.10.16.
4	가야의 비늘 갑옷	2020.11.20.
5	가야의 주거문화	2020.12. 4.

2021년 가야학술제전

	주제	개최일
1	가야의 말과 말갖춤	2021. 4. 9.
2	가야 전사의 무기	2021. 7.23.
3	가야 선주민의 바닷길과 대외 교류	2021. 8.20.
4	창원 다호리유적 재조명 I - 금속기	2021.10.22.
5	가야지역 출토 수정의 과학적 조사 연구	2021.11. 5.

차례

1 가야와 신라 冠의 비교
　김재열

　I. 머리말 · 11
　II. 가야 冠 · 11
　　1. 김해 대성동 고분군 29호 도굴갱 수습 금동관 · 12
　　2. 고령 지산동과 합천 옥전 고분군 출토품 · 14
　　3. 대가야 이후의 가야계 관 · 18
　III. 신라의 冠 · 20
　　1. 대관, 관식과 모관 · 20
　　2. 금관과 금동 · 은관, 그리고 철관 · 26
　IV. 비교 관점에서 본 신라와 가야의 冠 · 29
　　1. 고유 양식의 발현과 변동 · 29
　　2. 冠의 생산 체계 · 35
　V. 맺음말 · 38

2 부산 복천동 고분군 출토 금동관의 구조와 특성
　홍성율

　I. 머리말 · 51
　II. 복천동 출토 금동관 검토 · 52
　　1. 복천동 10 · 11호분 출토 금동관 · 52
　　2. 복천동(동아대) 1호분 출토 금동관 · 54
　III. 복천동 고분군 출토 금동관의 특징과 의미 · 56
　　1. 특징 · 56
　　2. 의미 · 62
　IV. 맺음말 · 68

3   백제 금동관의 금공기술 연구
    - 주변국 자료와의 비교를 중심으로 -
    이현상

    I. 서론 · 79
    II. 문양표현기술 · 80
        1. 투조기법 · 80
        2. 조금기법 · 86
    III. 외형제작기술 · 95
        1. 성형기법 · 95
        2. 도금기법 · 97
        3. 조립기법 · 100
    IV. 결론 · 103

4   금동관을 넘어서: 위세품과 철기의 부장 정형 비교를 통해 본
    신라권과 김해·부산지역
    하대룡

    I. 서론 · 115
    II. 연구 방법과 대상 · 119
    III. 신라지역의 위세품 체계와 부장품의 구성 정형 · 121
        1. 위세품의 착장 정형 · 122
        2. 복식군에 따른 부장품 구성 · 125
        3. 소결 : 신라의 위세품 체계와 부장 정형 · 131
    IV. 복천동, 대성동 고분군의 위세품 체계와 철기 부장 양상 · 134
        1. 착장형 위세품과 무구, 마구 · 135
        2. 철기의 구성 · 138
    V. 복천동·대성동 고분군의 독자적 부장 양상과 그 의미 · 140
    VI. 결론 · 143

편집 후기 · 155

//
1

가야와 신라 冠의 비교

김재열 한국문화재재단

I. 머리말
II. 가야 冠
　1. 김해 대성동 고분군 29호 도굴갱 수습 금동관
　2. 고령 지산동과 합천 옥전 고분군 출토품
　3. 대가야 이후의 가야계 관
III. 신라의 冠
　1. 대관, 관식과 모관
　2. 금관과 금동·은관, 그리고 철관
IV. 비교 관점에서 본 신라와 가야의 冠
　1. 고유 양식의 발현과 변동
　2. 冠의 생산 체계
V. 맺음말

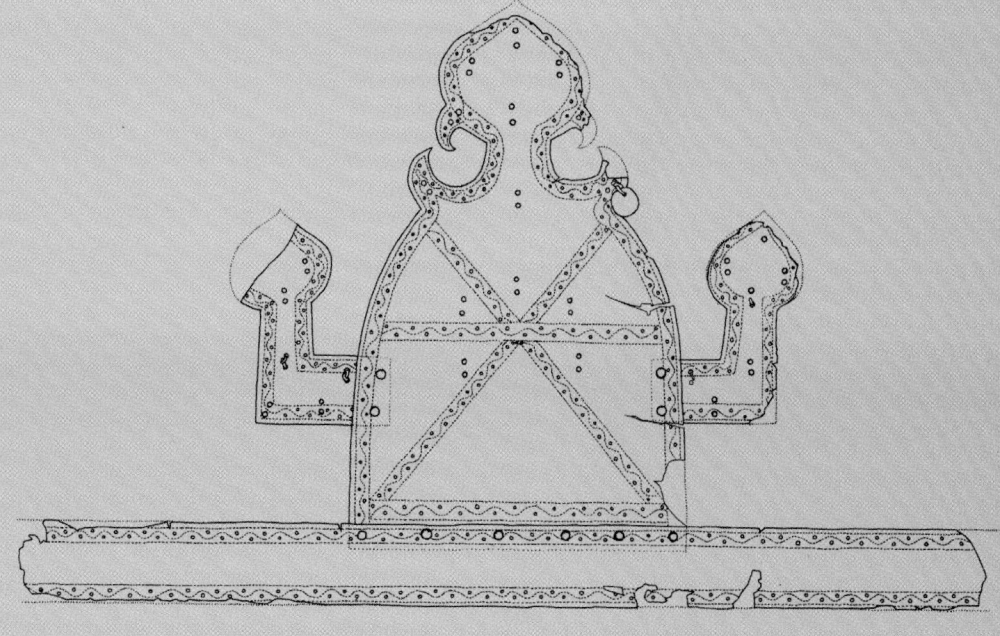

I. 머리말

삼국시대 고구려, 백제, 신라, 가야에는 머리부터 발끝에 이르는 장신구인 관, 귀걸이, 목걸이, 반지와 팔찌, 신발을 귀금속으로 제작 사용한 풍습이 대유행했다(이한상 2008). 각 나라는 특색 있는 고유 양식 장신구를 경쟁적으로 창안했다. 저마다 그들이 처한 상황에 맞게끔 귀금속 장신구를 정치 위세품으로 혹은 교류품으로 때론 의례품으로 이용했다.

가야와 신라 관의 시작은 닮았으나 사후(事後)는 달랐다. 가야와 신라는 백제, 고구려와 달리 테두리가 달린 관, 즉 대관(帶冠)을 사용한 동질성을 지녔다(함순섭 1999). 머지않아 두 나라는 상호 차별적 의장을 지닌 고유 관을 창안하고 변모시킨다. 그리고 그들 상황에 적합한 관 생산 체계를 가동시켰다. 관의 양식과 생산 두 관점에서 가야와 신라 양자는 유사스러움과 대조됨이 동시에 간취된다. 이 글은 그에 착안해 가야와 신라 관을 비교할 것이다. 우선 가야와 신라 관의 주요 사례를 살피고 그를 바탕으로 두 나라 관의 양식 성립과 발현 과정, 관의 생산체계를 논할 것이다.

II. 가야 冠

가야 귀금속 관의 연구는 고령 지산동과 합천 옥전 고분군 출토품, 그 외 박물관 소장품을 대상으로 다뤄졌다(함순섭 2001, 이한상 2015). 최근 새로운 가야 관 자료 여럿이 공개되었다. 대가야 중심지 고령 지산동 고분군에서 관식, 모관이 새롭게 발굴되었고 대가야 시대 이후 신라 석실묘에서 가야계 관이 찾아졌다. 김해 대성동 고분군 29호 도굴갱에서 수습된 금동 파편이 금동관일 가능성도 다시금 제기되었다. 아래에서 그러한 내용을 살펴보도록 한다.

1. 김해 대성동 고분군 29호 도굴갱 수습 금동관

김해 대성동 고분군 29호 발굴보고서에는 도굴갱에서 수습된 금동관 파편이 실려있으며(경성대학교 2000) 최근 그 존재가 다시 부각되었다(김해시 대성동고분박물관 2013, 심재용 2019).

도굴갱 수습 금동관 파편에 대해선 2000년도 발굴보고서에 상세히 고찰되어 있다. 당시 보고자는 금동 파편을 금동관 대륜과 입식으로 결론지었다. 대륜은 영락을 매달거나 점열문을 시문하지 않았으며, 대륜과 입식을 가느다란 금동 줄(絲)로 꿰어 고정한 점을 발견했다. 입식 파편은 끝단이 갈퀴 모양이며 대륜엔 없는 영락이 달린 점을 찾았다. 최근 대륜과 입식 결합에 금동 줄에 더해 소형 못을 사용해 고정한 사실이 새롭게 찾아졌다(김해시 대성동고분박물관 2013).

대성동 29호 도굴갱 수습 금동관 제작법의 특징은 다음과 같이 정리된다. ①입식과 대륜 결합시 금동제 줄(絲)을 사용, ②또한 금동 못을 함께 결합, ③갈퀴 모양의 입식 끝단, ④대륜에 점열문과 영락 등의 장식이 일체 없는 점이다.

금동 줄과 못을 사용해 관의 입식과 대륜을 결합하는 방식은 신라와 가야 귀금속 관에서 공통으로 구사된 제작법이다. 원두정 사용이 일반적이며 금동 줄(絲)은 6세기대 후반 신라 퇴화단계 관에서 종종 찾아진다(함순섭 2000). 원두정 결합이 발달된 제작 기법이며 금속 줄의 사용은 귀금속 관 퇴화단계 원두정 결합을 대신해 구사된 낮은 수준의 기법이다. 기술 난이도와 넓은 시차를 지닌 금속 못과 줄(絲), 두 기법의 동시 사용은 대성동 29호 도굴갱 수습품을 신뢰하기 어렵게 하는 이유이기도 하다.

금속 줄(絲)은 원두정 결합보다 간단한 기법이지만 역으로 원두정

1: 김해 대성동 29호 도굴갱 수습품   2: 傳 경주 교동 금관   3: 부산 복천동 10·11호

[그림 1] 김해 대성동 29호 도굴갱 수습 금동관과 비교자료

사용이 일반화되기 이전 구사된 초보적인 결합법일 수 있다. 또는 금동 줄(絲)이 입식과 대륜 결합 목적 이외에 파손 부위를 수리하거나 보완하는 용도로 사용되었을 가능성도 있다.¹

대륜 장식 문양이 없는 점은 傳 경주 교동 금관과 유사하다. 교동 금관은 신라 고유 양식인 수지형 대관 중 이른 시기 물품으로 논증되고 있다(이한상 2004, 함순섭 2012).² 대륜에는 점열문대와 반구문 장식이 없으며 대신 영락 2열이 달려 있다. 대성동 29호 도굴갱 수습품 대륜 파편과 비교하면 영락 유무 차이가 있으나 문양이 표현되지 않고 타출 반구문이 생기지 않은 점은 공통적이다. 대성동 29호 도굴갱 수습품의 갈퀴 모양 입식은 부산 복천동 10·11호 금동관과 유사한 점이 보고서 간행 당시 제기되었다.

필자는 대성동 29호 도굴갱 수습 금동 파편이 금동관일 가능성을 열어두려 한다. 해당 유물이 도굴갱 수습품이란 점은 분명 금동관으로서의 신뢰도를 낮춰보게 하는 요인이지만 대성동 29호 도굴갱 수습품 유물 자체에서 관찰되는 특징인 갈퀴 모양의 입식단과 대륜의 낮은 장식성, 두 요소가 신라 초현기 귀금속 대관(傳 경주 교동 및 부산 복천동 10·11호 출토품)에서 찾아지는 점에 비중을 두려한다.

----

1 금속 줄(絲)로 파손부를 고친 예는 5세기대 신라 장신구에서 종종 찾아지다. 이른 시기 사례는 의성 탑리Ⅱ곽 과대 요패 장식이 금속 줄로 수리된 예이다(김재원 윤무병 1962, 정진 2017).
2 이한상(2004)은 교동 금관이 도굴 압수품이었어 정확한 출토상태와 시기 파악은 곤란함을 단서로 달았다.

2. 고령 지산동과 합천 옥전 고분군 출토품

가야 귀금속 冠의 실체는 고령 지산동과 합천 옥전 두 고분군 출토품 그리고 국내외 박물관 소장품을 대상으로 다뤄졌다(박보현 1997, 함순섭 1997·2001, 이한상 2015). 대가야권 귀금속 관과 장신구 유행 시기는 5~6세기 중엽, 공간적으론 대가야 양식 토기 중심의 대가야계 물질 분포권과 범위를 같이한다(이한상 2015). 그 중 귀금속 관은 고령 지산동과 합천 옥전 두 고분군 중심으로 분포한다. 양자는 대가야권이란 수식어를 공유하지만 관의 계보와 제작법은 일정한 시각차를 보여준다.

1) 고령 지산동 고분군의 冠

고령 지산동 고분군 출토 관의 소재는 순금, 금동이 주류며 최근 비귀금속 재료인 철로 만든 관식이 발굴되었다. 관의 용도와 쓰임새에 따라 대관(帶冠)과 관식(冠飾)으로 나눠지며, 최근 모관(帽冠)의 존재가 새롭게 알려졌다.

금동제 대관은 지산동 32호와 30호분 2곽, 금동제 관식은 지산동 73호와 518호에서 출토되었다. 금제 대관은 리움 박물관(LEEUM)과 오쿠라 콜렉션(小倉COLLECTION) 소장품이 있다. 철제 관식은 지산동 75호에서 출토되었다.

지산동 32호 금동제 대관은 광배를 닮은 중앙 입식을 갖춘 전액형 대관(前額形 帶冠)이다(함순섭 2001). 중앙 입식 꼭대기 생김새는 초화형 관과 연속성을 보인다. 지산동 30호분 2곽 금동관은 초화형 입식 3점이 달렸다.[3] 리움 박물관 소장 금제 대관과 일본 소재 금제, 금동제 대관 역시 초화형과 전액형 입식 의장이 공유되었다.

---

3   지산동 30호분 2곽 금동관의 특징으로 원두정 1점을 꽂아 입식과 대륜을 결합하고, 입식 세 점 중 가장자리 것은 대륜과 겹쳐지는 부위를 삼각형으로 잘라 마감한 점이 주목된다. 이는 후술할 달성 성하리 고분군 1B구역 3호 석실 출토 철관에도 발견되는 제작법이다.

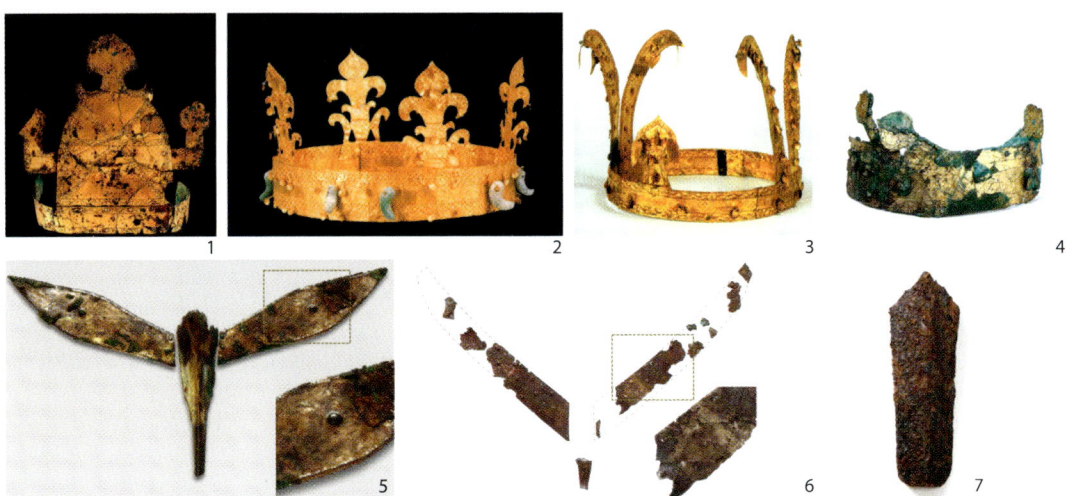

1: 지산동 32호 2: 전 고령(리움박물관) 3: 小倉콜렉션 4: 지산동30호분 2곽 5: 지산동73호(순장곽) 6: 지산동518호 7: 지산동75(순장곽)

[그림 2] 고령 지산동 고분군 출토 冠

관식은 73호, 75호, 518호에서 출토되었다. 최근 발굴된 사례들로 고령 지산동 고분군 세력이 대관에 더해 관식과 모관을 사용했음을 알려주는 자료이다(이한상 2015).

지산동 73호 금동제 관식은 전입식에 익형식 2점이 결합된 구조이다. 기본 형태를 주목하면 금동제 조익형 관식(金銅製 鳥翼型 冠飾)으로 분류된다. 다음 지산동 518호 출토품은 금동제 관식의 날개 모양 세움장식(翼形立飾)이며 타출 원형 반구문과 타출 점열문을 이중 장식했다. 관식 장식 기법 중 타출 원형 반구문이 주목된다. 지산동 73호 관식은 신라 관식과 상당히 닮았는데 대가야 관식 형성 과정에 신라 물품의 요소를 차용했음을 의미한다. 그런데 관식 익형식에 타출 반구문을 표현한 예는 신라 관식에서 찾기 어렵다. 대가야 양식 관식으로서 독자적 요소를 구축했을 것인데 그 부분이 익형식의 타출 반구문 장식으로 생각된다. 대가야 양식의 고유성이 달성된 만큼 지산동 73호와 518호 금동제 관식의 제작은 고령 지산동 고분군 세력 주도로 이뤄졌을 것이다.[4]

----
4   지산동 73호 금동 관식이 신라 지방 공방의 제작품이란 견해가 있다(박보현 2014).

지산동 75호 출토품은 비귀속 재료인 철제 관식이며 관식의 전입식 부위이다. 모관 부착에 유리하도록 관식의 단면을 접었으며(단면 V자형) 관식 위쪽에 미약하지만 돌출부 5곳을 표현했다. 모관 삽입부 경계를 표시한 듯 관식 중간 아래 의도적으로 단을 두었다. 75호 관식엔 익형식이 공반되지 않았다. 관식 둘레 익형식을 고정한 못 구멍 자리가 없는 것으로 보아 애당초 익형식이 달리지 않는 전입식 전용의 관식으로 보여진다. 이러한 지산동 75호 관식의 미세한 의장 요소들은 장인의 의도와 목적이 다분히 반영된 것이며 고령 지산동 세력 관식의 강한 독보성을 보여주는 요소이다.

최근 지산동 고분군 탐방로 신설구간 A지구 제2호묘에서 금동제 모관이 새롭게 보고되었다. 모관은 원정형 몸체이며 복륜을 끼워 결합하고 겉면에 투공과 영락을 달아 장식했다(대동문화재연구원 2021).[5]

2) 합천 옥전 고분군 출토 귀금속 冠

합천 옥전 고분군의 귀금속 冠은 M6호와 23호에서 출토되었다. 옥전 23호엔 금동제 모관 1점, M6호엔 금동제 대관 2점, 은제 대륜 1점이 출토되었다. 출토량을 따지면 옥전 M6호 주피장자는 귀금속 관 3점(금동제 2점과 은제 1점)을 보유한 셈이다. 합천 옥전 고분군 귀금속 관 계보는 다원적인데 옥전 23호 금동 모관은 백제계 물품, 옥전 M6호 금동제와 은제 대관은 신라 기성품과 신라 관 제작술을 공유한 옥전 집단의 제작품이다.

옥전 23호 금동 모관은 원정형 기본 몸체에 내부는 삼엽문 투조 장식이 부착되었다. 모관 꼭대기에 가늘고 얇은 금동 봉으로 만든 대롱이

---

[5] 발굴조사 보고서에는 지산동 고분군 탐방로 신설구간 A지구 제2호묘 금동 관모를 6세기 전반대 대가야시기 유물로 파악하고 있다. 이외 2호묘에는 6세기 후반대 신라 고배와 장경호, 7세기말~8세기 초의 소위 당식대금구가 함께 출토되었다. 이에 대해 보고자는 2호묘에 1~2차례 추가장이 진행된 것으로 파악했다. 대동문화재연구원, 2020, 『고령 지산동 대가야 고분군I』, 52~62쪽.

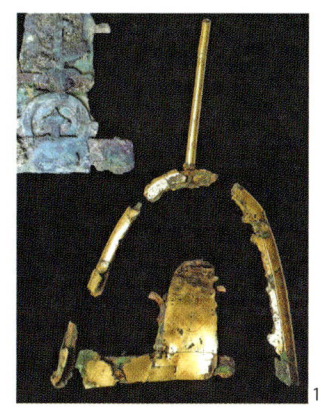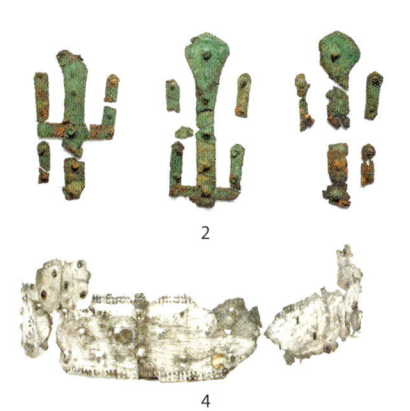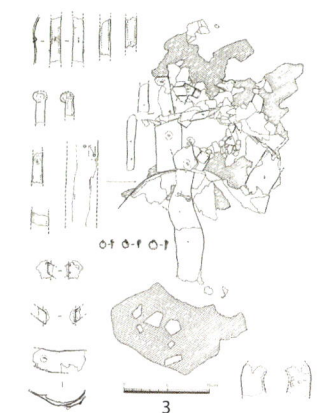

1: 옥전23호 2: 옥전M6호 금동관B 3: 옥전M6호 금동관A 4: 옥전M6호 은관

[그림 3] 합천 옥전 고분군 출토 관

달려있다. 이는 전형적인 백제 모관의 의장이었어 옥전 23호 모관은 백제 제작품이 옥전 고분군에 유입된 것으로 논의되고 있다(이한상 2016).

옥전 M6호에는 은제 대관, 금동제 대관 A와 B 총 3점이 출토되었으며 신라 관의 직간접적 영향을 받은 물품들이다. 금동제 대관A는 아쉽게 잔존 상태가 좋지 않다. 수지형 대관 계열이며 맞가지와 엇가지 입식이 달렸다. 금동제 대관B 역시 수지형 대관 계통이나 의장과 장식 기법이 상당히 독보적이다. 입식 모양은 끝단과 중심 줄기 사이가 잘 구분되지 않게 매끈히 연결된 유선형인데, 이 같은 입식 형태는 신라 관에서 찾아지지 않는다. 대륜에 타출 타원형 반구문이 표현되었으며 특이하게 갈퀴 모양의 소형 입식이 추가되었다. 은제 대관은 대륜에 타출 반구문 3열과 타출 점열문이 장식되었다.

옥전 M6호 출토 관의 계보는 여러 갈래로 논의되었다. 우선 금동제 대관 A, B 모두 신라 기성품이 옥전 집단으로 사여된 것으로 본 견해가 있다(이희준 1995). 고령 지산동 출토 귀금속 관에 사용된 초화형 입식 대신 옥전 고분군의 관은 수지형 입식을 기본 분모로 삼았기 때문이다. 이와 달리 금동제 대관A와 은제 대륜은 신라에서 제작되었으며, 금동제 대관B는 가야에서 모방 제작한 것으로 본 견해도 있다(함순섭 2012). 옥전

M6호 관의 제작지를 신라와 가야로 그 범위를 넓힌 것이다.

옥전 M6호 관 모두의 제작지를 신라 한곳으로 단정 짓긴 어렵다. 후자 견해처럼 옥전 M6호 금동제 대관B는 신라 관에 없는 독보적 요소들(유선형 입식, 갈퀴형 소형 입식, 대륜의 타원형 타출 반구문)이 존재하기 때문이다. 동시에 고령 지산동 고분군 관의 고유 의장인 초화형 입식도 반영되지 않았다.

이런 상황을 고려하면 옥전 M6호 관의 계보는 꽤나 다원적일 것으로 예상된다. 옥전 M6호 금동제 대관B는 옥전 고분군 집단이 신라 수지형 대관의 기술 요소를 수용하였으나 고유 의장을 고안한 독보적 모델로 생각된다. 옥전 M6호 은제 대관 역시 옥전 고분군 집단의 제작품으로 생각된다. 신라는 황남대총 단계 이후 은제 대관이 자취를 감추며 은 소재는 관식 제작으로만 제한되는 현상을 보이기 때문이다. M6호 금동제 대관A는 맞가지에 더해 엇가지까지 부착되어있어 신라 기성품이 유력하다.

3. 대가야 이후의 가야계 관

5~6세기 지산동과 옥전 고분군을 중심으로 양립된 가야의 귀금속제 관 문화는 대가야 멸망과 함께 소멸된 것으로 보였다. 하지만 최근 대가야 시기 이후 가야계 요소가 반영된 관이 새롭게 보고되었다. 울진 덕천리 고분군 34호 석실묘 금동제 대관(성림문화재연구원 2014)과 경북 달성 성하리 고분군 1B구역 3호 석실묘 철제 대관(한빛문화재연구원 2012)이 그 예이다.

울진 덕천리 고분군은 동해안을 마주한 유적이며 6세기대 석곽묘 31기와 석실묘 56기가 집중 조영되었다. 그 곳에서 금동제 대관 2점(34호 및 43호 석실묘)이 출토되었는데 그 중 34호 석실묘 금동제 대관이 가야 계통이다.

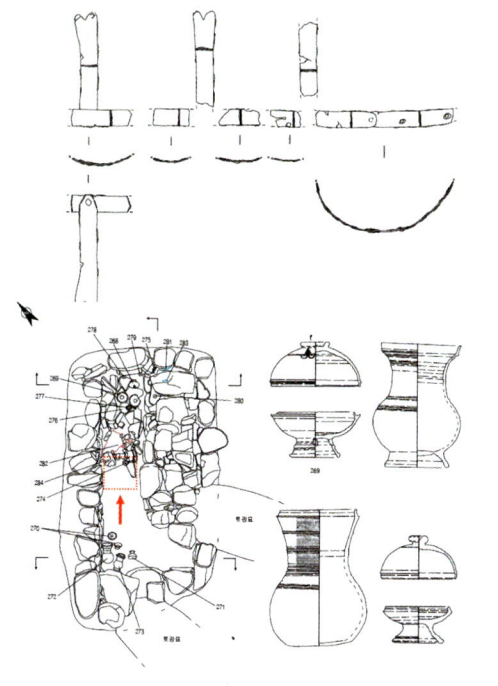 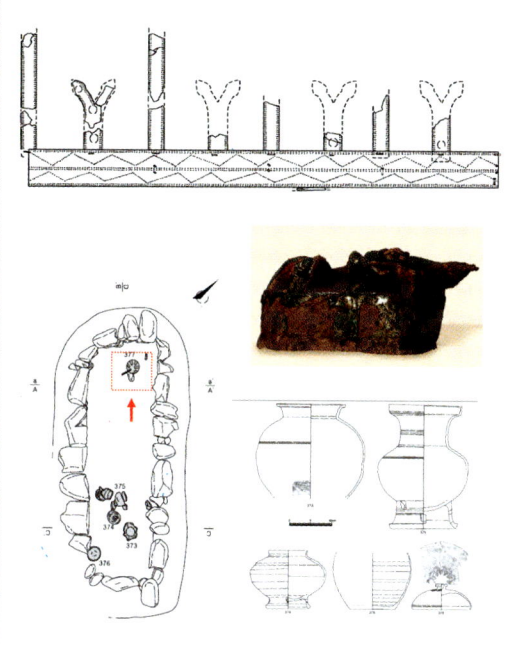

경북 달성 성하리 1B구역 3호 석실묘 / 가야계 철관 및 토기　　　울진 덕천리 34호 석실묘 / 가야계 금동관 및 토기

[그림 4] 대가야 이후의 가야계 관

　　울진 덕천리 34호 금동관은 대륜과 입식을 갖춘 대관이다. 대륜엔 타출 점열문과 거치상 문양대가 배치되었고 입식과 대륜은 가는 금동 줄을 꿰어 결합했다. 입식은 두 종(입식①,②)이 달렸다. 입식①은 장방형 띠 모양 4점인데 관 내부 십자 모양으로 교차된 형태의 내관으로 추측된다. 입식②는 소형이며 입식 끝이 살짝 벌어져 Y자 모양이다. 입식에는 영락이 의사(疑似)되었는데 입식 겉면에 영락의 둥근 테두리 윤곽만 표현했다. 입식②와 같은 소형 입식은 신라 수지형 대관에선 보이지 않는 요소이다. 갈퀴형 계열 소형 입식은 고령 지산동 30호분 2곽와 합천 옥전 M6호 금동제 대관B와 연결된다.

　　다음 달성 성하리 고분군은 낙동강을 사이에 두고 고령과 마주한 곳에 조영된 유적이다. 6세기 중엽 전후 석곽묘와 석실묘가 집중 조영된 곳이다. 성하리 고분군 1-B구역 3호 석실묘에서 철제 관 1점이 출토되었다. 철제 관은 대륜에 입식 3점이 달렸고 대륜 양 끝은 못으로 고정했다. 입식은 소형이며 꼭대기가 살짝 벌어진 Y자 형태이다. 입식 뿌리는 삼각형으로 잘려졌고 철못 1점을 끼워 대륜에 고정했다.

달성 성하리 1-B구역 3호 석실묘 철제 대관은 고령 지산동 30호분 2곽 금동제 대관과 꽤 닮았다. 대륜과 입식 결합 시 못 1점을 이용하는 방식과 입식 뿌리를 삼각형으로 재단한 점이다. 성하리 3호 석실묘 철관의 계보가 대가야 고령 지산동 고분군 관에 있음을 보여준다.

Ⅲ. 신라의 冠

1. 대관, 관식과 모관

신라 관은 쓰임새에 따라 대관(帶冠), 관식(冠飾), 모관(帽冠)으로 구별된다(함순섭 1999). 대관은 머리 둘레에 착용한 관으로 둥근 관 테두리(帶輪)에 입식이 달린 형태이다. 입식 모양에 따라 수지형(樹枝型)과 우모형(羽毛型) 정도로 구분된다. 모관은 머리 정수리 위에 쓴 관이며 관식은 모관에 끼워진 앞 장식이다.

1) 대관

대관, 관식과 모관 모두 신라 고유 양식이 발현되었다. 그 중 수지형 대관은 형식 분류와 전개 과정이 상세히 논증되었다(이한상 2000, 함순섭 2012). 시원, 표준, 퇴화 단계로 전개되며 각 단계 표지 유물로는 시원형은 傳 경주 교동 금관, 표준형은 황남대총 남분(주피장자 착장품)과 북분 출토품, 퇴화형은 경주 보문동 합장분 적석목곽묘와 대구 가천동 168호 출토품이 손꼽아진다.

수지형 대관 전개상의 명시적 속성은 입식의 발달 정도이다. 초현기 V자형의 사선식(斜線式) 횡지에서 시작해 양옆이 살짝 들린 사각식(斜角式)을 거쳐 반듯한 '出'자 모양의 직각식(直角式)으로 변화한다. 천마총 단계 의장 발달이 정점에 도달하며, 보문리 합장문 단계 종래 달성된 의장 요소가 점차 변형되며 붕괴된다. 수지형 대관의 사회적 기능 강화에 발맞춰 고대화와 고가시성을 노린 의장 발달은 대관의 역할 축소와 함께 의장 해체의 수순을 밟는다.

1 : 전 경주 교동
2 : 경산 임당 7A호
3 : 황남대총 남분
4 : 천마총
5 : 안동 지동 2호
6 : 단양 하리

[그림 5] 수지형 대관의 변화

2) 관식

신라 귀금속 관식은 생김새에 따라 조익형(鳥翼型)과 접형(蝶形)으로 구분되었다(국립경주박물관 2001, 이한상 2004). 그 중 접형 관식은 경주 천마총과 의성 탑리 III곽 출토품 등 그 수량이 희소하다.[6] 반면 조익형 관식은 그보다 출토량이 넉넉해 계기적 변화상을 살피기 유리하다. 조익형 관식은 이름에서 짐작되듯 흡사 새 날개를 닮은 두 입식(翼形立飾)과 몸체(前立飾)가 조합된 형태이다. 하지만 발굴품 중엔 오히려 익형입식이 달리지 않은 관식의 비중이 높다.

이 글에선 신라 조익형 관식을 ①양익식 관식(兩翼式 冠飾), ②무익

---

[6] 접형 관식 사례는 경주 천마총(金製), 호우총(金銅), 의성 탑리 III곽(金銅), 창녕 교동 11호(金銅), 대구 달성 55호(金銅) 출토품 정도이다.

식 관식(無翼式 冠飾)으로 세분하도록 한다.

① 양익식 조익형 관식

경주 황오리 14호 1곽을 시작해 황남대총 남북분에서 출토된다. 황오리 14호 관식은 은제, 황남대총엔 순금과 은제 관식이 확인된다. 신라

[그림 6] 양익식 조익형 관식의 사례

지방에선 경산 임당동 7A호와 의성 탑리 I곽 금동 양익식 관식이 초현기 물품이다. 이후 금관총과 천마총 출토품이 최고조에 도달한 관식이다. 양익식 관식의 발달상은 익형식의 고각 정도로 가늠되는데 초기 익형식이 저각의 좌우로 뻗은 형태라면, 발달형인 금관총과 천마총 관식은 익형식 끝이 위쪽을 향해 솟구친 고각 형태로 변화한다. 수지형 대관이 입식 높이를 키워가며 고대성을 강조한 발달상과 궤를 같이 한다.

② 무익식 조익형 관식

전립식만 사용된 관이다. 몸체에 익형식을 결합한 못 구멍이 없어 제작 당시 전립식 단독 사용이 의도되었다. 무익식 관식은 양익식과 차별된 고유 특질을 가진다. 우선 무익식 관식은 '銀'으로만 제작되며 관식 정면에 눈 모양의 반구문 2곳이 타출된다(打出 目文). 또한 무익식 관의 사용량이 양익식보다 월등한 점이 지적된다.

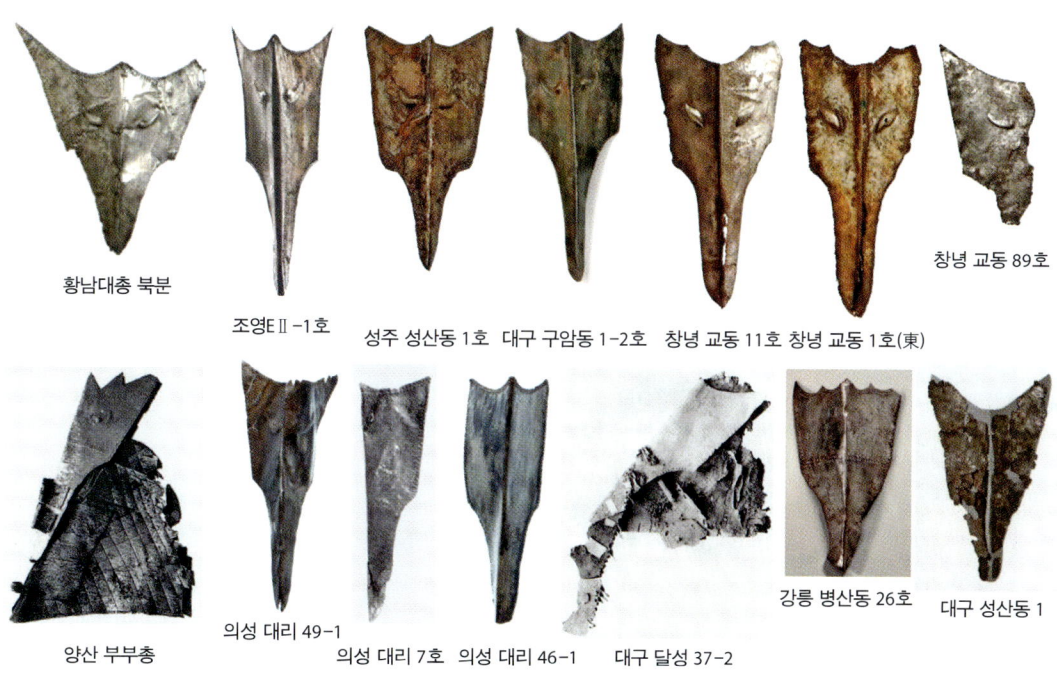

[그림 7] 무익식 조익형 관식의 사례

무익식 관식은 황남대총 북분 단계 그 고유성이 확립된다. 황오리 14호와 황남대총 남분에는 양익이 달린 은제 조익형 관식이 존재한다. 이 단계는 조익형 관식 내에서 양익식과 무익식의 구분, 그에 따른 은제와 금·금동의 소재 제한이 감지되지 않는다. 황남대총 북분에 익형식이 없고 타출 목문이 표현된 은제 무익식 관식이 처음 등장한다. 황남대총 남북분 단계를 거치며 신라 조익형 관식은 양익식과 무익식으로 양분, 그에 대응한 소재의 구별이 확립되며, 이후 무익식 관식은 지방 주요 고총과 그에 준한 고분으로의 확산이 진행된다.

3) 모관

신라 귀금속 모관은 정수리 모양이 둥근 형태(圓頂形)와 네모난 형태(方頂形)로 구분된다.

원정형 모관은 황남대총 남분(金銅, 銀製), 금관총(金製), 천마총(金製), 의성 대리리 M48-1호(金銅) 출토품이 있다. 방정형 모관은 경산 임당 6A(金銅)와 대구 달성 55호(金銅)에서 출토되었으며 이 외 傳 창녕 교동 출토품(金銅)이 있다.

양자의 선후 관계는 원정형이 우선 등장하며 방정형 모관이 그보다 늦게 발생한다. 원정형 모관은 황남대총 남분에 확인되어 금관총-천마총으로 지속된다. 방정형 모관은 상대적으로 황남대총 단계 이후 시기에 집중돼있다. 출토 사례는 적으나 방정형 모관이 경산, 대구, 창녕 등 신라 지방 고총에 집중된 점이 주목된다. 장식 문양 역시 방정형 모관이 상대적으로 단순하다. 이를 고려하면 방정형은 원정형 모관 보다 위계가 상대적으로 낮으며 지방 집단 공급을 위해 고안된 모관일 가능성이 있다.

황남대총 남분-금관총-천마총 출토품은 원정형 모관의 발달상을 계기적으로 보여준다. 신라 모관은 원정형 몸체 앞뒤에 전입식과 후입식 결합이 기본 제작 방식이다. 황남대총 남분의 은제와 금동제 모관이 동일 방식으로 만들어졌기 때문에 황남대총 남분 단계 신라 모관의 고유성이

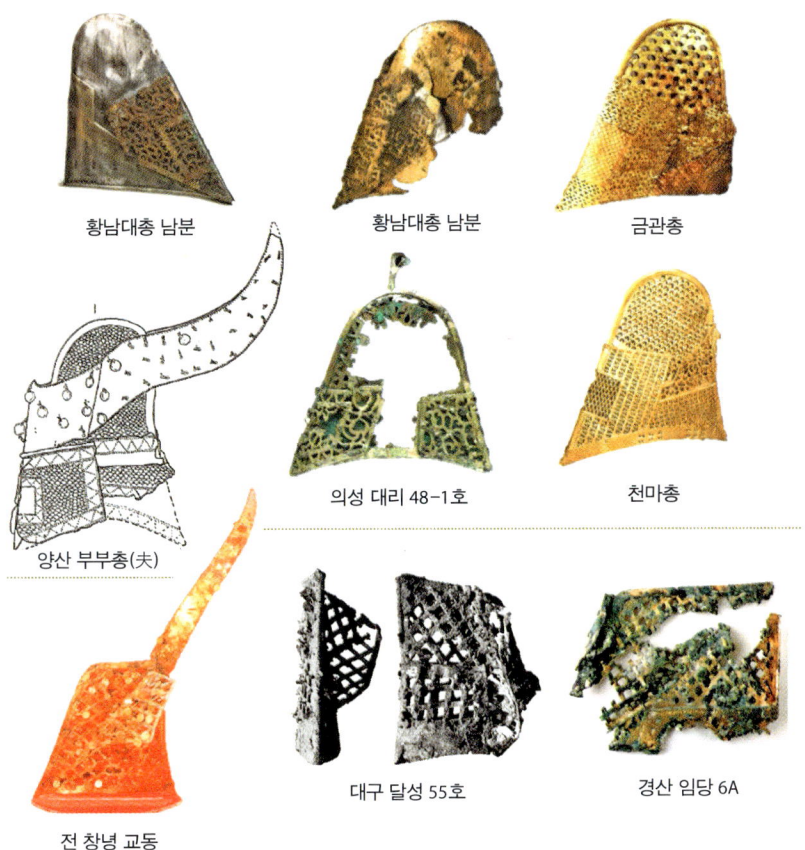

［그림 8］ 신라 모관의 사례

달성된 것으로 이해된다.

　금관총과 천마총 단계에 진입하며 모관 각 부위는 장식성과 기능성이 발달한다. 전입식과 후입식 모두 기존 단판에서 2장이 조합된 복판식으로 변화한다. 구성 부품이 늘어난 만큼 구조 강도를 높이기 위해 금관총 모관 둘레에 테두리(覆輪)가 새롭게 결합되며 천마총 모관은 아래 테두리(帶輪)까지 추가된다. 문양은 용봉문, 심엽문, 능형문의 복합 투조문, 타출점열문, 각목문대가 표현돼 장식성이 극대화된다.

　주목되는 점은 이 과정을 거치는 동안 전입식과 후입식의 기본 형태가 일정히 고수되는 것이다. 전입식은 외부 오각판과 내부 사각판 배치가 준수되며 후입식은 상판과 하판이 구분되어 지그재그 혹은 L자 모양의 배치 패턴이 지켜진다. 신라 고유 양식의 범주 안에서 의장, 장식, 제작법이 준용되며 고수되는 것이다.

이런 정형성에 위배되는 사례가 경북 의성 대리리 M48-1호 금동제 모관이다. 전입식의 배치는 일정하지 않고 후입식은 상하판 구분이 표현되지 않았다. 이런 점은 M48-1호 모관이 신라 중앙 제작품이 아닌 의성 금성산 고분군 집단의 현지 제작품일 가능성을 의미한다. (김재열 2019).

2. 금관과 금동·은관, 그리고 철관

신라 관의 소재는 金과 銀, 金銅 그리고 비귀금속인 銅과 鐵이 사용된다. 삼국시대 신라 관은 귀금속 소재로 만들어지며 6세기 전반을 지나 귀금속 재료 사용이 중단되고 대신 동관(銅冠)이 일부 만들어진 것으로 설명되었다.

신라 대관, 모관과 관식 제작에는 선호된 소재가 일정히 구별된 것으로 보인다. 개략적 추세를 살펴보면 대관 제작엔 금동과 금제가 나눠지며, 모관은 은-금동에서 순금-금동으로 변화한다. 관식은 금-금동-은제가 시작해 양익식 관식은 금동-순금, 무익식 관식은 은제로 구별된다.

대관 가운데 은제품은 황남대총 남분에서 출토되었다.[7] 신라 고분에서 은제 대관은 황남대총 남분을 제외하면 쉽게 찾아지지 않는다. 따라서 신라 대관 소재의 실질적인 주력은 금동과 순금이다. 금동제 대관은 황남대총 단계를 중심에 두고 그 이전과 이후 전기간 통틀어 지속된다. 경산 임당동 7호분과 조영동 고분군 CII 및 EIII호분 출토품,[8] 부산 복천

---

7   황남대총 남분 은관은 銀製 前額形 帶冠이며 동일형의 금동제 관이 공반되었다.
8   경산 임당동 고분군 7A·7C호와 조영동 EIII-2·3·8호 출토 금동제 대관이 해당되며 필자는 이

동 10·11호와 의성 탑리 I곽 출토품은 수지형 대관의 표준화 달성 이전 양상을 보여준다. 황남대총 북분 단계 다음에 등장하는 금동제 관들은 소재만 다를 뿐 경주 금관총, 서봉총, 천마총 금관과 유사한 의장을 공유하며 변화한다.

금제 대관은 신라 수지형 대관의 변화와 유행을 선도하는 물품이며 금관에서 구사된 의장, 제작법, 장식기법은 다시 금동제 대관 제작에 파급된다. 금제 대관 출현과 지속 과정은 한 차례 공백기를 가진다. 傳 경주 교동 금제 대관을 서두에 두면 그 다음은 황남대총 북분에 들어 금제 대관이 재등장한다. 전자는 초현과 시원적 양상을 보여주며 후자는 신라 수지형 대관 표준 모델의 전형과 달성을 표출한다. 이후 금관은 금관총-서봉총-천마총, 금령총 출토품 수순으로 변화 발달한다.

관식의 소재는 금, 은, 금동이 사용된다. 이른 시기 금동과 은제품이 제작되지만 특정 시점을 지나며 관식 종류에 따른 순금-금동과 은제로 구분된다. 그 전환점은 황남대총 단계로 생각된다. 황남대총 단계 이전은 양익식 조익형 관식이 금제(황남대총), 금동제(경산 임당7A 및 의성 탑리 I곽), 은제(황오리 14호 1곽 및 황남대총 남분)로 제작된다. 황남대총 북분 단계를 지나며 무익식 관식은 은제품으로만, 양익식 관식은 순금과 금동제품 중심의 소재 차별이 확고해진다.

모관 역시 금동, 금, 은이 사용되지만 점차 금과 금동제로 양분된다. 그 전환은 황남대총 단계에 진행된다. 은제와 금동제 모관은 황남대총 남분에 함께 부장되지만 그 이후 모관은 금동과 금제품으로 양분된다. 당연히 금제 모관은 경주지역 중심 고총인 금관총과 천마총 주피장자만을 위한 물품이며 금동제 모관은 창녕, 경산, 대구 등 지방 주요 고총 주피장자에게 전해진다.

철로 제작된 관은 수년전 발굴되었지만 그 존재감은 크게 부각되지 못한 듯하다. 주요 철제 관은 포항 옥성리 50호 관식(경상북도문화재연구

관들의 연대를 황남대총 남분 단계 이전 시기로 생각한다.

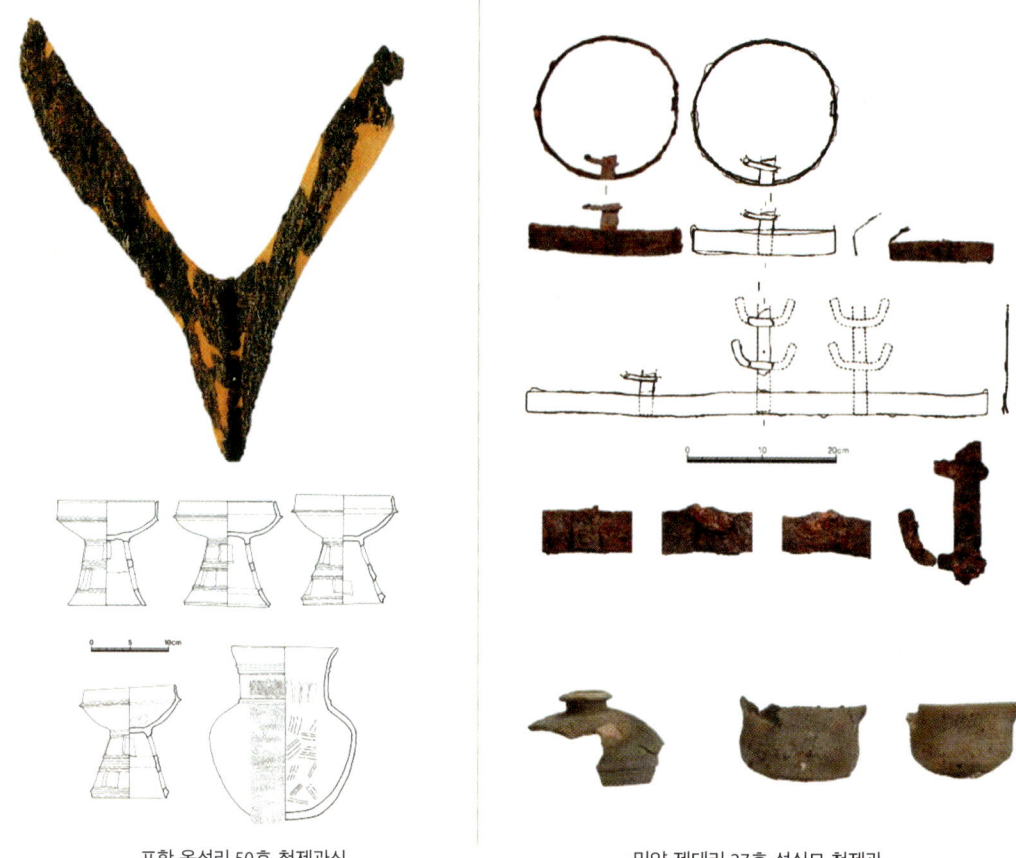

| 포항 옥성리 50호 철제관식 | 밀양 제대리 27호 석실묘 철제관 |

[그림 9] 신라 철관의 사례

원 2003, 박보현 2005)과 밀양 제대리 27호 수지형 대관(동서문물연구원 2011) 정도이다. 이외 대구 시지 유적 고분군 84호 석실묘에서 출토된 철제 관 테두리가 알려져 있다(김재열 2015).

포항 옥성리 50호 철제품은 양익식 조익형 관식이다. 전입식 상단 세 곳이 돌출되고 몸체는 살짝 접혀 단면 V자형이다. 재질만 다를 뿐 기본 의장은 경주지역 양익식 관식과 차이나지 않는다. 공반 유물을 고려한 옥성리 50호 철제 관식의 연대는 황남대총 단계와 유사하다. 포항 옥성리 50호 철제 관식은 신라 장신구의 현지 제작이 단발적이나마 상당히 이른 시기부터 진행되었음을 추측케 한다.

밀양 제대리 27호 철제품은 퇴화 단계 수지형 대관이다. 입식 결가지는 반듯한 직각 모양이 변형되어 완만한 모양을 그린다. 신라 대관의 고유 장식인 점열문양대와 영락 등 부가 장식은 보이지 않는다.

철제 관의 존재는 해당 물품이 신라 중심지가 아닌 현지에서 제작되었음을 의미한다. 신라 지방 고총 고분 장신구 소재인 금, 은, 금동과 같은 귀금속은 원료의 현지 조달이 쉽지 않은 희소재이다. 하지만 철 소재는 귀금속 보다 현지민의 원료 확보가 상대적으로 수월했을 것이기에 현지 집단은 철 소재를 이용한 장신구 제작이 가능했을 것이다.

주목할 점은 포항 옥성리 50호 철제 관식과 밀양 제대리 27호 철제 대관이 현지 제작품이면서 동시에 신라 관의 양식 범주를 벗어나지 않는 것이다. 신라 중앙, 곧 경주지역 집단에서 관 제작에 필요한 의장과 도안 그리고 제작술이 현지 집단에게 전수되어 재지 제작된 물품이며, 현지 집단의 관점에선 신라 양식(경주식 장신구)을 본형으로 삼은 재현품이다.

IV. 비교 관점에서 본 신라와 가야의 冠

앞서 가야와 신라 관의 주요 특징을 살폈으며 이장에선 두 나라 관을 상호 비교할 것이다. 비교 단위는 신라와 가야 관의 양식과 생산 체계이다.

1. 고유 양식의 발현과 변동

가야와 신라 두 나라 모두 고유 양식의 관 문화를 달성했다. 신라는 삼국 중 유달리 관을 대량 사용했으며 그 결과 수지형 대관, 조익형 관식

그리고 모관으로 구성된 고유 양식이 정립되었다. 대가야 역시 전액형과 초화형 입식 대관이 고유 양식으로 자리매김했으며 최근 관식과 모관이 새롭게 알려지고 있다. 합천 옥전 고분군은 다양한 계통의 관이 한 곳에 모여 융합된 특색을 보여준다. 금관가야 관 문화는 제한적이나마 김해 대성동 고분군 29호 도굴갱 수습 금동관 파편이 존재한다.

1) 신라의 冠

고유 양식 성립과 발현 과정은 발굴 사례가 풍부한 신라관을 통해 읽혀진다. 신라 수지형 대관은 삼국시대 어느 나라 관 못지않은 형식 분류와 단계 변천상이 일목요연하게 논증되었고 무엇보다 시원-표준-퇴화 각 형식과 단계상이 순차적으로 규명되었다(함순섭 2012). 이는 신라 관 연구에 있어 중요한 의미를 전달했는데 수지형 대관 외 나머지 신라 대관, 관식, 모관을 총괄할 수 있는 분류안과 전개상 설정의 필요성을 환기시켰다 생각된다.

이에 착안해 필자는 신라 대관, 관식, 모관에 공통 적용 가능한 관의 성격 갈래를 ①시원형, ②절충형, ③표준형, ④발달형, ⑤현지형, ⑥퇴화형으로 구분하고자 한다. 각각의 설명은 아래와 같다.

① 시원형

표준형식이 달성되기 이전 초현기 양상과 표준형으로 발달하는 연속 과정을 보여준다. 傳 경주 교동 금관, 경산 임당 7호분과 조영동 EIII호분 및 CII호분 금동관, 황남대총 남분 금동관이 주요 사례이다.

② 절충형

외부 관의 요소 일부를 차용해 선택적으로 제작된 관이다. 삼엽문이 투조 장식된 부산 복천동 10·11호 금동관, 우모식 입식과 삼엽문이 투조된 의성 탑리 I곽 금동관이 대표적이다. 황남대총 남분의 우모식과 전액형 입식이 결합된 은제 관과 금동제 관도 절충형 범주에 해당된다.

③ 표준형

신라 고유 양식의 특색을 지난 관으로 표준형에서 달성된 의장, 장식법, 제작법은 이후 관에 강하게 준용 및 고수된다. 대관은 수직 수평화된 횡지 3단~4단을 갖춘 맞가지 3점을 기본 구성으로 하며 엇가지 장식이 추가되기도 한다. 창녕 교동 7호 금동관, 경산 임당 5호와 임당 6A호 금동관 등이다.

모관은 원정형 몸체에 전입식과 후입식이 기본 결합되며 특히 후입식은 상하판이 지그 재그식으로 배치된 의장이 고수된다. 관식은 양익식(금제와 금동제)과 무익식(은제)이 양분된다. 경산 임당 7B호, 의성 탑리 I곽, 경산 조영 EII-1호, 황남대총 북분 관식 등이다.

④ 발달형

표준형의 은제-금동제 관과 차별된 소재인 순금으로 제작된 관이다. 금제 대관에는 대외 수입품인 경옥제 곡옥을 달아 위계성과 층차성을 고조시킨다. 수지형 대관은 황남대총 북분, 금관총, 서봉총 천마총, 금령총 출토품이다. 양익식 조익형 관식은 황남대총 남분, 금관총, 천마총 출토품이며 원정형 모관은 금관총과 천마총 출토품이다.

⑤ 현지형

경주지역이 아닌 현지에서 제작된 관이다. 현지 제작된 관은 표준형에서 달성된 신라 관의 고유 의장과 양식 범주를 벗어나지 않으며 경주식 물품을 모델로 삼은 재현품이다. 의성 대리리 M48-1호 금동 모관을 비롯 입식에 금판을 덧대 수리한 대구 달성 문산리 3-4호 금동관도 초보적인 현지 제작품의 범주에 포함된다. 현지에서 소재를 조달했을 가능성이 높은 철제 관(포항 옥성리 50호 관식)도 현지 제작형이다.

⑥ 퇴화형

표준형 이후 달성된 고유 의장, 제작법, 장식기법이 붕괴된 사례이다. 소재는 비귀금속 재료인 銅과 鐵이 사용되기도 한다. 신라 사회에서 귀금속 관이 더 이상 기능하지 않게 된 시기 등장해 간헐적으로 이용된다. 안동 지동 2호(金銅), 단양 하리와 동해 추암동 가21호 출토품(銅) 그리고 밀양 제대리 27호 철관이 해당된다.

위 신라 관의 성격은 특정된 하나에 고정돼 머물지 않는다. 각 성격군은 공존과 재편 그리고 분화와 파생의 연쇄 과정을 겪는다. 그 과정은 신라 양식 관의 형성기-과도기-발전기-쇠퇴기로 이름 붙여진다. 전개과정의 일대 변곡점은 황남대총 단계이며 그 전후는 사뭇 다른 양상이다.

형성기에 해당되는 황남대총 단계 이전은 다양한 성격의 관들이 공존하는 기간이다. 시원형(傳 경주 교동 금관-경산지역 임당 7호분과 조영 CII호분 및 EIII호분 금동관)과 절충형(부산 복천동 10·11호 및 의성 탑리 I곽) 대관이 경주지역을 구심으로 주변 지역 고총 고분에 점적 분포한다. 관식은 양익식 조익형 관식(경산 임당 7A호 및 의성 탑리 II곽 출토품)이 존재한다.

황남대총 남북분 단계는 신라 양식 관의 성립과 발달을 잇는 과도기이다. 황남대총 남분에 상호 공존했던 시원형과 절충형 관은 북분에 들어 표준형으로 단일 선택되어 재편된다.

대관의 경우 황남대총 남분의 복수 형식의 수지형 금동관이 북분 단계에 진입하며 직각형 맞가지와 엇가지 입식의 표준 의장으로 일원화된다. 관식은 북분 단계 무익식과 양익식 관식의 양분이 확립된다. 모관은 황남대총 남분 단계 고유 의장이 달성되어 이후 금관총-천마총 금제 모관으로 발달될 밑바탕이 마련된다.

신라 관 양식의 발전기는 금관총-서봉총-천마총 단계이다. 금동-은제 관과 엄중히 차별된 금제 대관, 모관, 관식 사용이 본격 진행된다. 이에 발맞춰 신라 귀금속 관은 지방 고총 집단 뿐 아니라 그 하위 중소형 고분군 집단까지 깊숙이 파급된다. 경주지역 제작품의 공급과 함께 관 제작 기술도 전수되었다. 의성 대리리 M48-1호 금동 모관에서 보듯 경주식 물품을 본형으로 삼아 현지에서 만든 재현품이 제작된다.

쇠퇴 단계에 들며 신라 관은 퇴화형이 본격 등장한다. 신라 사회에서 더 이상 귀금속 관이 필요치 않게 되면서 신라 귀금속 관의 고유 양식은 잔흔으로 남는다. 이 기간 표지유물은 안동 지동 2호(金銅), 단양 하리와 동해 추암동 가21호(銅) 그리고 밀양 제대리 27호(鐵) 관이 해당된다.

2) 가야의 冠

가야 관 역시 고유 양식이 달성되었다. 김해 대성동 29호 도굴갱 수습 금동관 파편으로 김해지역 집단의 관 사용이 짐작되지만 그 사례가 적어 구체적 양상을 살피긴 제한적이다. 대성동 29호 도굴갱 수습품을 진품으로 전제하더라도 현존 발굴 성과는 29호 단계 뒤를 잇는 예가 발굴되지 않아 김해지역 집단의 귀금속제 관 사용은 지속도가 낮은 단속성(斷續性)을 보여준다.

이외 김해 구지로 목관묘 12호분 출토품 중 철대(鐵帶) 존재가 주목된다. 구지로 12호분 망자는 머리에 철대(鐵帶)를 둘러 착장했다. 귀금속이 아닌 철제이긴 하나 금속제 장식물을 인체 머리에 착용해 사용했음을 보여주는 유의미한 자료로 생각된다(경성대학교박물관 2000).[9]

가야 관 고유 양식의 구체적 실체는 5~6세기 대가야권 출토품에서 찾아진다(박보현 1997, 함순섭 2001, 이한상 2015). 이 기간 가야 관은 고령 지산동과 합천 옥전 고분군 세력으로 양분되었고 각자 보유한 관의 의장 역시 차이난다. 고령 지산동 세력의 관은 전액형과 초화형 대관이 중심이

---

9 발굴보고서에 따르면 두개골 부위에 철대가 돌려졌으며 양 끝에 가죽흔이 남아있어 철대 말단부를 가죽끈으로 연결한 것으로 파악했다. 구지로 고분군 12호분 주피장자는 그 외 팔목에서 청동 팔찌 2점, 2000여점에 달하는 환옥이 목과 가슴부위에서 출토되었다. 경성대학교박물관, 2000, 『김해 구지로 분묘군』 84~90쪽.

며 근래 발굴된 관식과 모관이 추가된다. 이와 달리 합천 옥전 세력의 관은 백제와 신라 관의 영향도가 높다.

고령 지산동 세력은 고유 양식의 관을 창안했으며 한 차례 양식 변동을 추진했다. 지산동 32호 출토품과 일본 소재 금관을 표지품으로 삼는 전액형 대관에서 리움 박물관 소장 금관과 같은 초화형 대관으로 대가야 관의 고유 양식이 한 차례 교체된다. 양식 변혁을 주도한 이는 고령 지산동 고분군 축조 세력이다.

관의 양식 재편과 교체는 대가야와 신라에서 공통된 현상이지만 사후는 일정 차이가 감지된다. 신라는 황남대총 단계를 전후해 앞 시기 철 중형과 시원형 관이 표준형으로 단일 재편된다. 이후 금관총-서봉총-천마총 단계 신라 중앙과 지방 물품을 통틀어 신라 귀금속 관은 경주지역 물품을 구심으로 관의 제일성과 정형성이 강도 높게 표출된다. 이는 신라 중앙 세력이 가중한 높은 수준의 고유 양식 선택압의 결과이다.

대가야 관은 신라와는 다른 양상이다. 전액형에서 초화형으로의 양식 교체를 달성했지만 오히려 초화형 관의 부가장식과 문양 표현과 같은 세부적 제작술의 제일성은 전액형 대관 것보다 높아졌다 보기 어렵다(함순섭 2001). 이는 관을 만든 장인 집단 구성원 사이 기술 결집 정도와 장인에 대한 지배 세력의 간섭과 통제 강도가 상대적으로 유연했기에 가능하였다.

신라보단 유연성 높은 대가야 관의 양식 선택압과 제일성은 합천 옥전 고분군의 관에서 두드러진다. 옥전 고분군 출토 금공품의 계통은 상당히 다원적이다. 옥전 세력이 보유한 금공물품을 제작처로 나누면 백제, 대가야의 고령, 신라의 경주, 옥전 세력 스스로가 제작한 물품이 공존하는 셈이다. 이는 외부 세계에 대한 옥전 세력 스스로의 능동적인 대처이면서 동시에 외부 세력의 옥전 집단에 대한 지속적인 영향력 행사이기도 하다.

2. 冠의 생산 체계

관을 포함한 신라와 가야 귀금속 장신구는 의장 유사도가 높은 동일 양식 물품이 중앙과 주변 지역에서 비슷한 시기 등장하며 지속되는 공통성을 보인다. 그러나 관의 생산 관점에선 신라와 가야가 취한 태도는 차이성이 부각된다. 신라는 중앙 집약적 생산을 유지하며 지방 집단에게 기술 전수를 통한 현지 제작이 진행되었다. 5세기대 대가야는 고령 지산동과 합천 옥전 고분군 두 세력이 별도 운영한 분산식 생산 체계를 유지한 것으로 짐작된다.

1) 신라 冠의 중앙 집약적 생산과 현지 제작

신라 장신구 제작지와 생산방식 문제는 금동제 대관을 중심으로 소위 '중앙 제작설'과 '현지 제작설'의 대두로 시작되었다(최종규 1984, 박보현 1987). 상호 상반된 결론을 도출하는 두 견해는 지난 1983년과 1987년 잇달아 제기된 후 줄곧 평행선을 달려왔다. 그 이유는 특정 지역에서 출토된 귀금속 관과 장신구 모두의 제작처를 경주 혹은 현지 중 한 곳으로 양자택일하려는 이유였을 것이다.

그런데 현지 집단이 보유한 관과 귀금속 장신구는 중앙 사여품과 그를 본뜬 현지 재현품이 공존할 가능성이 제기되었다(김재열 2019). 관을 비롯한 신라 장신구의 제작처와 생산방식에 대해 '제작처를 경주 또는 현지 중 어느 한 곳만 볼 것인가' 그리고 '그 대상은 전부인가 아닌가'라는 이분법적 사고에 얽매이지 않으면 신라 관과 장신구 생산체계에 대한 다원적인 추론이 가능해진다.

신라 귀금속 관 생산 체계의 특질은 중앙 집약적 생산과 현지 재현 제작이 복합된 이원적 운영 방식이다. 신라 중앙 관 생산의 중앙 집중도와 집약성은 신라 관의 양식 선택과 통합 과정에서 유추된다. 신라 관은 시원형과 절충형의 상호 공존으로 시작되지만 머지않아 표준형으로 재편 및 획일화되는 강한 제일성을 보인다. 단일화 완비 후 신라 전영역에 유통된 관 일체는 신라 고유 양식의 범주를 이탈하지 않는다. 신라 고유 양식, 엄밀히 경주식 대관-관식-모관을 구심으로 의장 변화와 발달이 진행되며 현지에 사여된 물품에도 경주식 장신구에 완비된 제요소가 강하게 적용된다. 이는 신라 중앙 장인 스스로의 자율적 분위기 아래 관을 생산한 것이 아니라 장인을 관할한 지배 세력의 엄중한 관리 통제를 받으며 관을 생산했을 경우 가능하다.

신라 지방 집단의 현지 제작품은 경주 기성품에 구사되지 않은 철 소재, 외형, 제작법을 보인다. 포항 옥성리 50호 철제 관식과 의성 대리리 M48-1호 금동 모관이 현지 제작품으로 거론된다. 현지 제작된 관의 소재 변질과 의장 변형은 현지 장인의 중앙 물품에 대한 정보 부족과 낮은 기술력에 기인된 결과이다. 경주 기성품 장신구를 본형으로 삼아 현지집단이 적극 모방 제작한 재현품이 현지 제작의 본질적 성격이다.

신라 관의 중앙 집약적 생산과 현지 제작은 시차를 두고 진행된다. 신라 관의 양식 변동 과정을 형성기-과도기-발전기-쇠퇴기로 구분했는데 중앙 생산 체계는 형성기-과도기를 거치며 완비되었을 것이다. 현지 제작은 발전기에 주로 확인되며 일부는 포항 옥성리 50호 철제 관식처럼 이른 시기에도 가능했다. 이 기간 관의 현지 제작은 중앙과 현지민 사이 긴밀한 자원 공급과 기술 전수를 바탕으로 이뤄졌다.

이 점은 쇠퇴기 관의 현지 제작과 확연한 차이다. 쇠퇴기 관의 현지 제작은 당대 신라 사회 구성원으로서의 필요성이 아닌 현지 개인의 수요에 대한 산물이다. 따라서 쇠퇴기 현지 제작된 관은 고립성이 강하다. 이 시기 신라 사회는 더 이상 귀금속 관이 필요치 않으며 경주지역 관 생산은 종료된다. 그렇기에 중앙과 현지 집단 사이 자원 공급과 기술 전수의 수준은 전대에 미치지 못한다.

2) 고령 지산동과 합천 옥전 세력의 冠 생산

　가야 관의 생산은 신라와는 다른 양상으로 진행되었다. 신라는 경주 중심의 관 생산 체계를 구축 후 주변 지역에 관 소재와 기술을 전수해 현지 제작이 이뤄졌다. 그러나 고령 지산동과 합천 옥전 고분군 출토 관은 고령과 합천 중 한곳에서 생산된 것으로 보기 어려울 정도의 의장 차를 보인다. 고령 지산동 고분군 관은 전액형과 초화형 대관이 중심이며, 합천 옥전 고분군은 백제계 모관과 신라계 제작술이 구사된 대관이 주력 물품이다. 고령 지산동과 합천 옥전 두 세력의 귀금속 관은 상호간 의장 공유성이 현저히 낮고 기술 계통도 다른 곳에서 찾아진다.

　이를 고려하면 지산동과 옥전 고분군의 관 생산은 고령과 합천 중 한 곳이 아닌 두 지역에서 생산이 동시 진행되었다고 보여진다. 5~6세기 대가야권 귀금속 장신구 가운데 적어도 관은 고령 지산동과 합천 옥전 세력에 분산된 곳에서 생산된 것으로 유추된다.

　고령 지산동과 합천 옥전 세력 내부의 관 생산 방식 또한 일정한 온도차를 보인다. 지산동 고분군의 관 생산은 일정 수준의 중앙 집약적 생산 체제를 구축하였다. 지산동 세력 관의 고유 양식은 한 차례 변혁을 겪는다. 전액형에서 초화형 대관으로의 교체이다. 관은 어느 장신구 못지않은 소유자의 정체성을 적극 표현하는 상징물이다. 따라서 관의 변화는 관을 제작한 장인 집단의 자발적 결정일 수 없으며 장인을 관할한 지배 세력의 요구에 대한 결과이다. 외부 장신구의 절충과 고유 양식의 변동으로 이어지는 일련의 과정은 고령 세력의 관과 장신구 생산 체계가 상당 수준 이상의 중앙 집약도를 달성했음을 보여준다. 그 결과 대가야권 장신구는 일정한 광역 분포권을 형성할 수 있었으며 귀금속 장신구 상당 수는 대가야 중심지 고령 지역 생산품일 것이다(이한상, 2020).

　합천 옥전 세력의 관은 고령 지산동 고분군 것 보다 외부 물품의 영향력이 한층 높다. 외부에서 수입된 완성품 관이 옥전 23호(금동제 모관)와 옥전 M6호(금동관A)에 부장되었다. 신라와 고령 지산동 고분군에는 외부

관의 요소를 일부 차용한 절충형 관은 존재하나, 옥전 고분군처럼 외부에서 들여온 완성품 관을 사용한 경우는 아직 알려져 있지 않다. 신라 관의 유입과 함께 옥전 세력은 독보적인 관을 고안한다. 옥전 M6호 유선식 입식 대관(금동관B)이다. 금동관B는 공반된 은제 대관과 함께 신라 관의 제작술이 구사되었다. 합천 옥전 M6호 단계의 귀금속 관 제작은 신라 물품과 기술의 직간접적 수용에 기인한 것이다.

대가야 이후 가야계 관은 간헐적이나마 신라 석실묘 피장자의 부장품으로 사용된다. 울진 덕천리 고분군 34호 석실묘 금동관과 달성 성하리 고분군 1B구역 3호 석실묘 철관이다. 그 중 성하리 고분군 3호 석실묘 철관은 고령 지산동 30호분 2곽 금동관의 제작법과 일정 부분 닮아있어 지산동 세력 산하에 소속되었던 장인 집단과 관련된 것으로 생각된다.

V. 맺음말

우리 역사에서 4~6세기는 귀금속 장신구 문화가 만개한 시기였다. 고구려, 백제, 신라, 가야는 금은으로 만든 관, 귀걸이, 허리띠, 신발, 반지와 팔찌 온몸을 두른 장신구를 사용했다. 그중 관은 머리쓰개인 만큼 착용자의 사회적 인격을 상징하는 물품이다.

신라와 가야 관은 동질성과 이질성을 겸비한다. 두 나라는 고구려, 백제와 달리 금속 테두리에 입식이 달린 대관을 사용하며 그들 나름 특색 있는 고유 양식의 관을 창안했다. 그러나 양식 성립과 발현 그리고 관의 생산에서 취한 가야와 신라의 태도는 차이난다. 이 글은 그에 주목해 가야와 신라 관을 비교한 것이다.

가야 관에 대해선 우선 김해 대성동 29호 도굴갱 수습 금동관 파편이 부산 복천동 10·11호 금동관과 傳 경주 교동 금관과의 유사성을 언급했다. 고령 지산동 고분군에는 근래 새로운 종류의 대가야 관이 여럿 발굴되었다. 지산동 73호와 518호 금동제 조익형 관식, 75호 철제 관식이며 기존 대관 중심의 대가야 관의 범위를 모관으로 넓혀주었다.

합천 옥전 고분군에는 백제계 모관(옥전 23호)과 신라계 대관(옥전 M6호)이 존재한다. 그 중 신라계 대관은 신라 수입품과 신라계 기술 전수로 옥전 집단이 제작한 관이 포함돼 있다. 대가야 이후 신라 석실묘에서 가야계 관이 달성 성하리 고분군(3호 석실묘)과 울진 덕천리 고분군(34호 석실묘)에서 확인되었다. 대가야는 명운을 다했지만 이 관들은 초화형과 소형 입식이란 가야계 관의 전통이 신라 영역에서 유지되었다.

신라 관은 대관, 관식, 모관으로 구분된다. 대관은 수지형 입식 발달 정도에 따라 斜線-斜角-直角으로 변해 출자형이 된다. 조익형 관식은 무익식과 양익식으로 세분된다. 모관은 후입식의 L자 배치가 황남대총 남분-금관총-천마총 모관으로 고수된다. 신라 관은 황남대총 단계를 기점으로 소재 구별이 엄중 해진다. 대관과 양익식 관식은 금과 금동, 무익식 관식은 은으로만 만든다. 모관은 금과 금동으로 재질 차등이 확고해진다.

가야와 신라 관 모두 고유 양식을 달성했지만 그 대응은 온도차를 보인다. 신라 관의 성격 갈래는 시원형-절충형-표준형-발달형-현지형-퇴화형으로 구분된다. 각 성격군은 취사선택되어 형성기-과도기-발전기-쇠퇴의 단계를 거친다. 변환점은 과도기인 황남대총 단계이다. 황남대총 이전은 시원형과 절충형이 공존한 시기였다. 과도기를 지나며 양자는 표준형 하나로 선택되어 획일화된다. 발전기는 귀금속 관의 위계 차별이 생겨 금동-은제 관이 범접할 수 없는 최고 층차물인 순금제 대관-관식-모관이 창안된다. 이 기간은 신라 귀금속 관의 양적 팽창기이도 한데 지방 주요 고총군과 하위 고분군 깊숙이 경주식 관이 파급된다.

신라 사회에서 관이 양적 질적 고도화에 도달한 시기 몇몇 현지 집단이 경주에서 공급받은 귀금속 자원 혹은 자체 조달한 철소재로 그들의 관을 제작한다. 신라 중앙에서 전수받은 제작 기술과 관에 관한 정보(의장과 장식 문양)가 현지 관 제작의 기본 바탕을 이룬다. 쇠퇴기 신라 사회에서 더 이상 관이 필요치 않게 되며 관은 귀금속이 아닌 비귀금속 재료인 銅과 鐵製 冠으로, 사회 구성원의 공통 상징물이 아닌 개인의 소유물로 그 기능과 의미가 감쇠된다.

가야 관의 고유 양식은 5~6세기 대가야권 출토품에서 감지된다. 고령 지산동 고분군 세력은 그들 고유의 관을 창안했으며 전액형 대관에서 초화형 대관으로 한 차례 양식 변모를 추진했다. 관 양식의 변동은 신라와 가야가 공통되지만 사후 대응 양상은 달랐다. 신라가 단일 양식의 강조라면 가야는 고유 양식 선택압의 가중 정도가 신라만큼 강도 높지 않았다. 양식 변혁에 성공한 초화형 관들의 문양과 장식 기법의 유사도가 꽤나 느슨하기 때문이다. 그런 점에서 양식 선택압의 유연성은 대가야 관 양식 전개의 특징으로 생각된다. 이러한 유연성이 합천 옥전 세력이 보유한 관에서 두드러진다. 옥전 고분군 세력은 대가야 물질 문화를 수용함과 동시에 신라계 관을 직간접으로 수용해 나름 독보적인 관을 고안하였다.

신라와 가야 관의 고유 양식 달성은 관 생산 체계의 구축을 전제로 가능하다. 신라 관의 생산 방식은 경주 중심의 중앙 집약적 생산과 현지 재현 제작이 복합된 이원적 구조이다. 신라 관의 양식 변동 과정에 보인 재편과 선택 그리고 신라 전범위에 걸친 광역공급망은 경주 중심의 강력한 중앙 집약적 관 생산 체계를 예견하게 한다. 경주의 생산 체계 구축이 일단락된 후 신라 지방 현지로 자원과 기술 전수가 이뤄져 현지에서의 제한적인 관 제작이 진행된다.

가야는 고령 지산동과 합천 옥전 고분군 세력에 분산된 관 생산 체계가 운영되었다. 고령 지산동 세력은 그들 고유 양식의 관을 창안하고, 전액형에서 초화형으로의 양식 변동을 주도할 수준의 중앙 집약적인 관 생산 체제를 구축하였다. 관식은 신라 조익형 관식의 의장을 수용하여 독자적인 장식을 추가해 고유 물품으로 발달시킨다. 합천 옥전 고분군의 관은 외부 세계의 영향력이 강하게 드러난다. 백제계 모관을 시작으로 이후 신라 완성품과 신라계 기술을 받아들여 금동관을 제작하게 된다.

가야와 신라 관은 대관이란 공통 분모에서 태동했다. 머지않아 두 나라 관은 특색 있는 고유 양식을 달성하며 신라는 수지형 대관, 대가야는 초화형 대관으로 절정에 도달한다. 신라 관의 전개 과정은 경주 세력 주도의 재편과 선택의 완비 그리고 확산의 연쇄 과정으로 요약된다. 지산동 세력 중심의 대가야 관 역시 유사 과정을 밟지만 양식 통합의 강도는 신라 관보다 유연하였다. 고령 중심의 초화형 관이 성립된 가운데 옥전의 신라계 관이 공존하기 때문이다.

두 나라 관의 특질은 신라 관은 제일성, 가야 관은 유연성으로 응축될 것이다. 결과론적으로 신라 관이 가야 관, 특히 대가야 관에 직간접적 영향을 준 셈이다. 이러한 현상은 신라의 지속적인 영역 확장 전략과도 무관하지 않을 것이다. 신라는 이미 낙동강 이동 지역 집단이 보유한 절충형 관을 경주식의 수지형 대관으로 단일 선택시켜 범신라화를 완성시킨 경험이 있었다. 가야 영역을 진출하며 옥전 세력에 신라 완성품과 관 제작술을 공급한 것은 그 경험을 바탕으로 한 대외 공략의 주요 방편이었을 것이다.

* 조언과 도움을 주신 박보현 선생님(대전보건대학교), 이한상 선생님(대전대학교), 이정근 선생님(국립김해박물관), 손정미 선생님(대가야박물관), 심재용 선생님(김해시청), 끝으로 졸고에 토론을 맡아주신 함순섭 관장님(국립대구박물관)께 깊이 감사드립니다. 고맙습니다.

참고문헌

고령대가야박물관, 2014, 『대가야왕릉의 출현』.
고령대가야박물관, 2015, 『고령 지산동 대가야고분군』, 대가야박물관.
고령대가야박물관 국립가야문화재연구소, 2017, 『대가야왕릉 속의 비밀, 지산동518호분』.

경상북도문화재연구원, 2003, 『포항 옥성리 고분군 발굴조사보고서』.
慶星大學校博物館, 2000, 「金海龜旨路墳墓群」.
慶星大學校博物館, 2000, 「金海大成洞古墳群Ⅱ」.
국립경주박물관, 2001, 『新羅 黃金』.
국립경주박물관, 2015, 『경주의 황금문화재』, 국립경주박물관.
김재열, 2016, 「칼럼7. 시지유적의 장신구」, 『마침내 찾은 고대 마을, 시지』, 국립대구박물관.
김재열, 2019, 「금성산 고분군 신라 장신구의 특수성」, 『嶺南考古學83號』, 嶺南考古學會.
김재원 윤무병, 1962, 『의성 탑리 고분군』, 국립박물관.
김해시 대성동고분박물관, 2013, 「동아시아 교역의 가교 대성동 고분군」-대성동고분박물관 개관10주년 기념특별전-.
대동문화재연구원, 2020, 『고령 지산동 대가야고분군Ⅰ』.
심재용, 2019, 『금관가야 고분연구』, 부산대학교 대학원 고고학과 박사학위논문.
李漢祥, 2000, 「新羅冠 硏究를 위한 一試論」, 『考古學志12』, 韓國考古美術硏究所.
이한상, 2004, 『황금의 나라 신라』, 김영사.
李漢祥, 2008, 「東아시아 古代 金屬製 裝身具文化」, 도서출판 考古.
이한상, 2015, 「대가야 장신구의 성격」, 『대가야와 고분문화 2015 가야고분 조사연구 학술대회』, 국립가야문화재연구소.
이한상, 2015, 「지산동고분군의 복식품」, 『고령 지산동 대가야고분군』, 대가야박물관.
이한상, 2016, 「가야의 장신구」, 『가야고고학 개론』, 진인진.
이한상, 2020, 「가야 장신구의 제작기술」, 『가야인의 技術』, 국립가야문화재연구소.
朴普鉉, 1987, 「樹枝形立華式冠의 系統」, 『嶺南考古學報』4, 嶺南考古學會.
朴普鉉, 1997, 「加耶冠의 屬性과 樣式」, 『古代硏究 第2輯』, 古代硏究會.
朴普鉉 2005, 「浦項 玉城里 50號墓出土 鐵製冠飾으로 본 新羅中央의 問題」, 『安東史學9』, 安東史學會.
박보현, 2014, 「大加耶의 冠帽前立飾考」, 『科技考古硏究』20, 아주대학교 박물관.
성림문화재연구원, 2014, 「울진 덕천리 신라묘군Ⅰ」.
이희준, 1995, 「토기로 본 대가야의 권역과 변천」, 『가야사연구』, 경상북도.
정 진, 2017, 『의성 금성산고분군 출토 금공품의 변천』, 경북대학교 대학원 고고인류학과 석사학위논문.
崔鐘圭, 1983, 「中期古墳의 性格에 대한 약간의 考察」, 『釜大史學』第七輯.
한빛문화재연구원, 2014, 「달성 성하리 유적」.
咸舜燮, 1997, 「小倉 Collection 金製帶冠의 製作技法과 그 系統」, 『古代硏究 第2輯』, 古代硏究會.
咸舜燮, 1999, 「考古資料를 통해 본 우리나라 古代의 冠」, 『三國時代 裝身具와 社會相』, 부산시립박물관 복천분관.
咸舜燮, 2000, 「新羅 樹枝形帶冠의 退化型式 設定-東垣先生 寄贈品을 중심으로-」, 『東垣學術論文集 3』, 國立博物館 韓國考古美術硏究所.

咸舜燮, 2001, 「신라와 가야 冠에 대한 序說」, 『大加耶와 周邊諸國 제2회 대가야사 국제 학술세미나·제26회 한국상고사학회 학술발표대회』, 고령군·한국상고사학회.

咸舜燮, 2012, 『新羅 樹枝形帶冠의 展開過程 硏究』, 慶北大學校 大學院 考古人類學科 碩士學位論文.

합천박물관, 2005, 『황강, 옥전 그리고 다라국』.

「가야와 신라 冠의 비교」에 대한 토론문

함순섭 국립대구박물관

앞선 여러 연구에서 밝혀졌듯이 신라에 비해 가야의 금공품은 매우 단출하여 일관된 체계를 논하기 어렵다. 이제까지 비교 연구가 잘 이루어지지 않은 건 모두 그 이유가 충분하다. 김재열 선생의 발표에서도 고민의 흔적은 역력하다. 그러기에 토론 역시 지엽적인 것에 머무를 수 있어 다소 재미가 없을 수 있다. 발표내용의 순서에 따라 의문점, 고려해야 할 사안, 관점의 수정 등을 제시하고자 한다.

첫째, 김해 대성동 29호묘 도굴갱 수습 금공품 문제이다. 이 금공품은 부산 복천동 10·11호묘 금동관과 비교되는 자료로 자주 다루어진다. 형태상 유사점은 분명한데, 출토 정황이 분명해야 비교 연구의 대상이 될 수 있음을 강조하고자 한다. 파손된 금공품의 특성상 최소한 29호묘 시상에서 미세 파편이라도 확인되었어야만 했다. 맥락적으로 복천동 10·11호묘의 정치적 귀속 문제와 맞물려 해석되어야 하기에, 29호묘 금공품을 섣불리 가야의 범주에 두는 건 고고자료의 정합적 해석에 부합하지 않는다.

둘째, 대가야 이후의 가야계 관이란 관점이 성립할 수 있는가? 발표자는 달성 성하리와 울진 덕천리 출토품을 제작기법만으로 가야계라 분류하였다. 5세기대에 이미 신라 영역이었고, 가야 멸망 이후에 가야 사람들을 사민한 곳이라는 증거도 없는 지역에서 신라 토기만을 지닌 피장자가 가야계 관을 착용할 수 있는가? 그냥 신라 대관의 종말기 양상으로 분류하는 게 더 타당하지 않겠는가.

셋째, 발표자는 관의 분류 체계에 대한 인식이 아직 과거에 머물러 있다. 토론자는 한반도 고대의 관을 帶冠과 帽冠으로 분류한 논점을 이곳 복천분관에서 1999년에 발표하였다. 최근 학계에서는 이 개념을 보편적으로 수용하고 있다. 그런데 발표자는 대관의 관점을 그대로 따르지만, 모관에 대해서만 개념적으로 수용할 뿐 관식과 관모라는 과거 인식을 그대로 쓰고 있다. 그러기에 관모도 금속제 관모만을 다룬다. 금속제 관모란 실제 자작나무 껍질로 만든 고깔에 덧붙인 장식판에 불과하며 완결성이 없다. 모관의 관점에서 살핀다면 훨씬 더 풍부한 해석이 가능할 것이다. 엄밀히 말해 冠制에 의해 통제되고 관료제와 연계하여 지속성을 가진 관은 모관이다.

넷째, 발표자는 신라의 대관과 모관을 총괄적으로 6개의 유형으로 분류하고 4단계를 설정하였다. 그 출발은 토론자가 수지형대관을 분류한 것에서 유추한 것이다. 그러나 발표자의 논점은 그리 간단하지 않으며 개념상 위험하다. 즉 특정 관 형식의 변화패턴이라면 가능할지라도 전체 관 즉 신라의 관을 이렇게 논할 수 없다. 왜냐하면 발표자의 논점에 맞추면 신라는 삼국시대까지만 관을 사용했고 이후에 없는 게 된다. 잘 알려져 있듯이 신라의 冠制는 멸망기까지 이어진다. 몰역사적 해석일 수 있기에 용어 선택에서 맥락적 접근이 필요하다. 이것보다 전체를 논하고 싶다면 단계별 조합상으로 대체해서 설명하면 충분하다. 신라 관의 소멸기는 삼국시대 어느 시점이 아니라 신라의 멸망시점에 해당한다.

다섯째, 제작지 문제는 간단하지 않다고 본다. 종교적 색채가 짙은 대관의 경우는 시대상의 변화 맥락에 따라 상징성이 전이되기에, 특정 시점 이후 지방 및 개인 제작이 충분히 가능하다. 특히 귀금속을 쓰지 않은 관은 관등제의 규제에서 벗어나 있기에 당연히 국가 권력의 통제를 받지 않은 기물이다. 이에 비해 모관은 기록만으로 보면 통일신라에서도 쓰였음이 분명하다. 그래서 모관의 제작지를 단언하는 게 논리적으로 가능한지 의문이다. 그리고 중앙의 공방도 시기별로 차별화하여야 한다. 국가

공방은 부체제 단계에서 다양성을 전제할 수 있으며, 집권국가 이후부터 귀금속의 사용규제를 포함하여 한정되었을 수 있다. 고고자료에서도 역사적 맥락과 해석이 요구된다고 생각한다. 미세 관찰과 분석이 오히려 관점을 흐릴 수도 있다.

2

부산 복천동 고분군 출토 금동관의 구조와 특성

홍성율 복천박물관

I. 머리말
II. 복천동 출토 금동관 검토
　1. 복천동 10·11호분 출토 금동관
　2. 복천동(동아대) 1호분 출토 금동관
III. 복천동 고분군 출토 금동관의 특징과 의미
　1. 특징
　2. 의미
IV. 맺음말

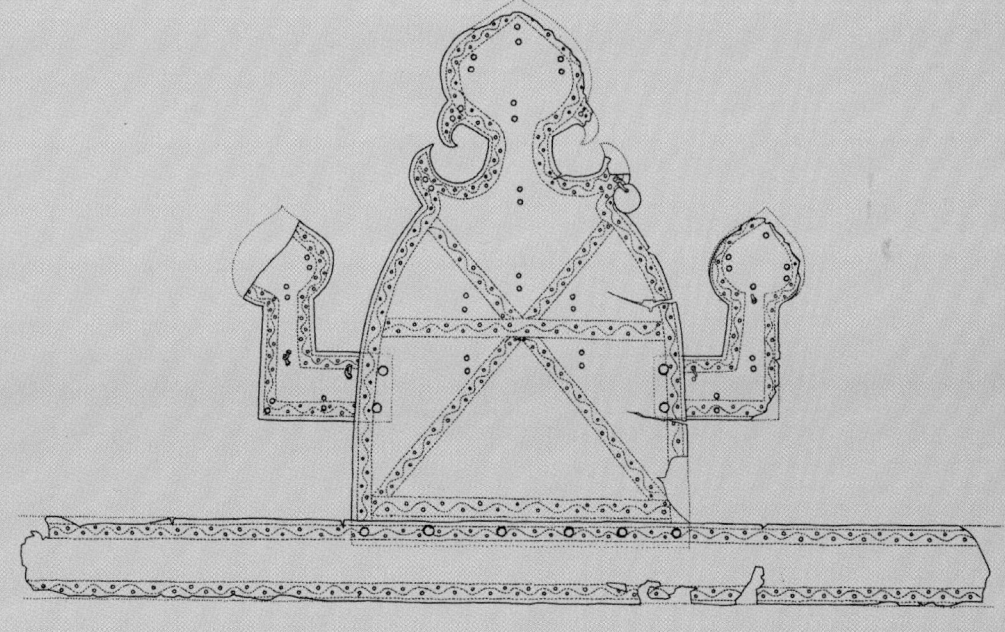

I. 머리말

관(冠)은 이식, 경식, 식리 등과 더불어 고대 지배층의 복식을 구성하는 장신구의 하나로 피장자의 생전 지위에 대한 결정적인 단서를 제공해준다. 무덤에 부장된 관이 생전에 무덤의 주인이 실제로 일상생활에 사용하던 실용품[1]이었는지 아니면 무덤부장을 위해 제작된 물건인지에 대해서는 양자에 대한 의견이 모두 존재한다.[2] 두 입장 중 어떤 입장을 취하더라도 관은 단순한 장신구를 넘어 그 속에 많은 의미를 내포하고 있다는 것은 공통된 입장일 것이다. 그렇기 때문에 관은 그 부장양상을 통해 정치적·사회적 해석을 시도하는 도구의 하나로 활용되기도 한다.[3]

고대의 관은 머리띠형의 관테를 토대로 하는 대관, 고깔형의 관모와 관장식인 관식으로 이루어진 모관이 대표적이다. 복천동 고분군에서 모관은 확인되지 않으며 관테에 입식이 부착된 형태인 대관만 3점 확인된다. 복천동 10·11호에서 1점이 확인되었고 복천동(동아대)1호분에서 2점이 확인되었다.

그간 복천동 출토 금동관에 대해서는 복천동 고분군 집단이 금동관을 획득하게 되는 과정을 서로 다르게 판단하면서 복천동 고분군 집단의 성격과 나아가 부산의 신라 편입시점을 논의하는 중요한 근거로 활용되었다. 그렇기 때문에 복천동 출토 금동관을 어떻게 파악하는 가는 당시 복천동 고분군 집단과 부산의 동향을 파악하기 위한 중요한 선결과제일 것이다. 본 발표는 복천동 고분군 출토 금동관의 구조와 특징을 살펴보고 신라 관과의 비교를 통해 복천동 고분군 출토 금동관의 성격을 명확히

---

1 李漢祥, 2000, 「新羅冠 硏究를 위한 一試論」, 『考古學志』 12, 韓國考古美術硏究所.
2 咸舜燮, 2012, 『新羅 樹枝形帶冠의 展開過程 硏究』 慶北大學校 大學院 考古人類學科 碩士學位論文.
3 崔鐘圭, 1983, 「中期古墳의 性格에 대한 약간의 考察」, 『釜大史學』 7, 효원사학회.

하고 그것이 가지는 의미를 찾아보고자 한다.

II. 복천동 출토 금동관 검토

1. 복천동 10·11호분 출토 금동관

복천동 10·11호분은 복천동 고분군 구릉의 최정상부 부근에 위치하며 독립된 부곽인 목곽(10호)과 주곽인 석곽(11호)이 일렬로 배치되어 있다. 금동관은 주곽인 11호분의 바닥에 깔린 철정 위에서 정치된 상태로 발견되었다. 금동관 옆으로 삼루, 삼엽, 소 환두대도가 출토되었다. 특히 삼엽문 장식대도는 금동관의 입식의 문양과 동일하다.

관은 출토 당시 파손과 수화가 다소 심한 편이었으나 파편이 많이 남아있어 거의 원형에 가깝게 복원이 이루어졌다. 금동관은 관테의 가운

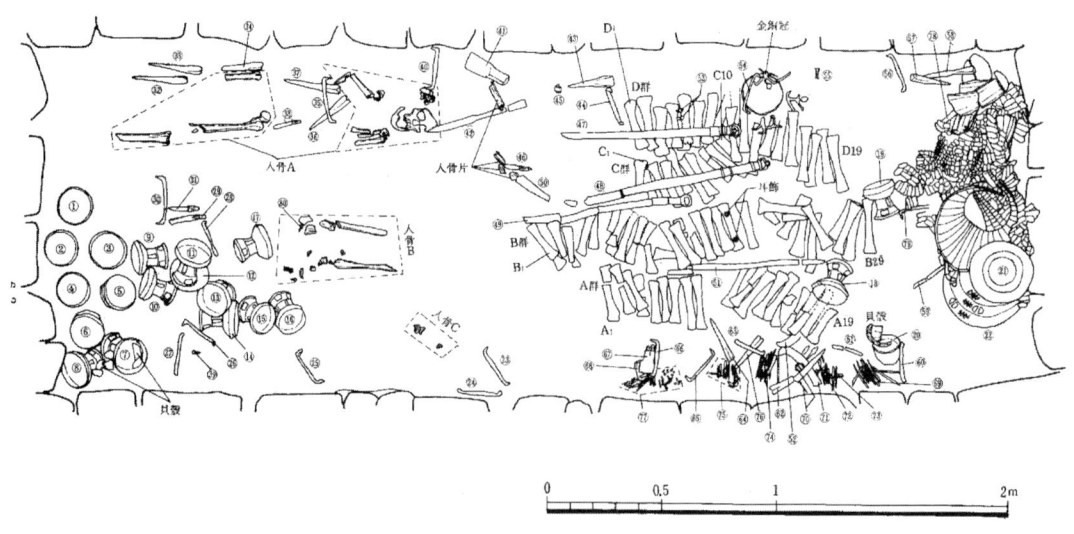

[그림 1] 복천동 11호분 유물 출토 상황

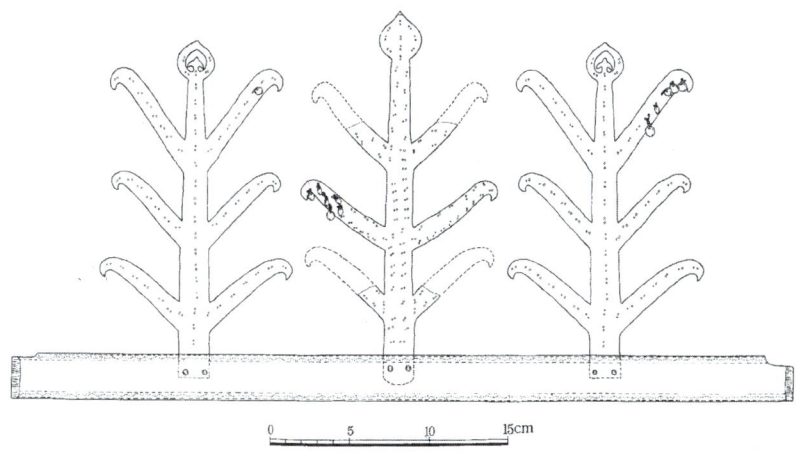

[그림 2] 복천동 11호 출토 금동관

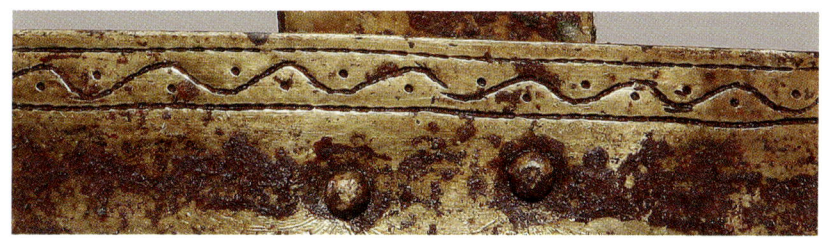

[사진 1] 복천동 11호 출토 금동관 관테 문양

대와 좌우 측면에 총 3장의 입식이 부착된 형태이다. 관테와 입식의 결합은 2조의 원두정을 사용하였다. 관테는 길이 50cm, 폭 2.9cm로 관테의 상단과 하단에는 각각 2열의 평행 점선대가 돌려져 있고 평행 점선대 사이로 파상문과 점문이 베풀어져 있다. 평형 점선대와 파상문은 삼각조 기법을 사용하였다.[4] 문양의 표현은 시문의 폭을 매우 조밀하게 하여 조금 거리를 두고 본다면 마치 선으로 표현된 것처럼 보일 정도이다.

입식은 가운데 줄기에서 양측으로 각각 3개의 가지가 뻗어져 있는 모습으로 중앙의 입식과 좌우의 입식은 최상단의 형태가 차이를 보인다.

....
4 삼각조는 금속 표면에 정질을 하여 문양을 표현하는 기법인 조금 기법중 하나로 정의 모양에 따라 점조, 삼각조, 선조로 구분할 수 있다.(이현상 2018)

먼저 전면의 입식은 높이 23.5cm에 최상단의 형태는 보주형이다. 좌우의 입식은 최상단의 바탕 모양이 보주형이라는 점은 중앙의 입식과 같지만, 그 내부를 삼엽문 문양으로 투조하였다는 차이점이 있다. 3개의 입식에는 모두 영락이 촘촘하게 달려있는데 영락의 부착 방식도 전면과 좌우의 방식이 다르다. 좌우 입식의 영락은 입식의 줄기와 곁가지 중앙을 따라 일렬로 부착된 반면, 중앙 입식의 영락은 2줄로 부착하였다.

2. 복천동(동아대) 1호분 출토 금동관

복천동(동아대) 1호분은 택지공사 도중 발견되어 복천동 고분군 발굴의 계기가 된 상징적인 무덤이다. 1980년 정식발굴조사된 1호분과의 구분을 위해 동아대 1호분으로 표기한다. 동아대 1호분은 수혈식 석곽으로 길이 830cm, 너비 130cm의 가늘고 긴 형태이고 주곽과 부곽이 따로 구분되지 않은 하나의 묘광으로 이루어진 무덤이다.

금동관은 피장자의 머리쪽으로 추정되는 서남쪽에서 출토되었고 금동관 부근으로 세환이식과 곡옥, 구슬이 발견되었다. 금동관은 3단의 출(出)자형 입식에 각 가지 끝을 보주형으로 장식한 것으로 신라 수지형 대관의 모습을 갖추고 있다. 영락은 관테에는 부착하지 않았으며 입식의 줄기와 곁가지에만 부착되었다. 1호분(동) 금동관은 최초에는 하나

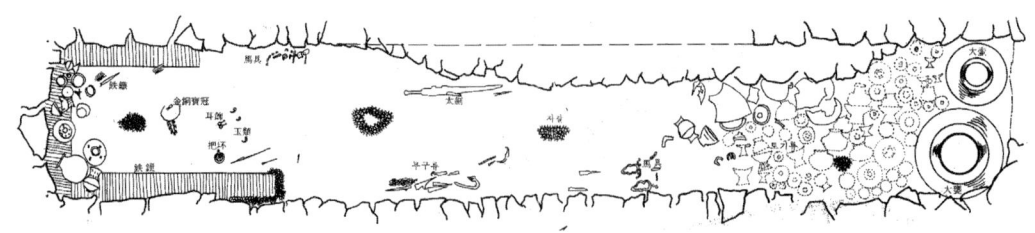

[그림 3] 복천동(동아대) 1호분 유물 출토 상황

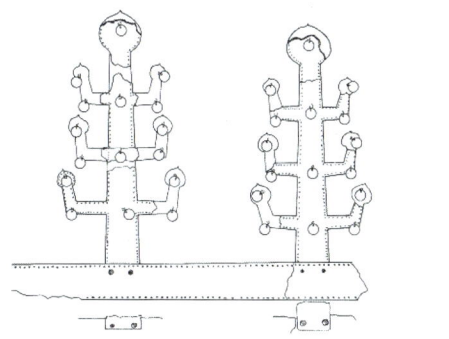
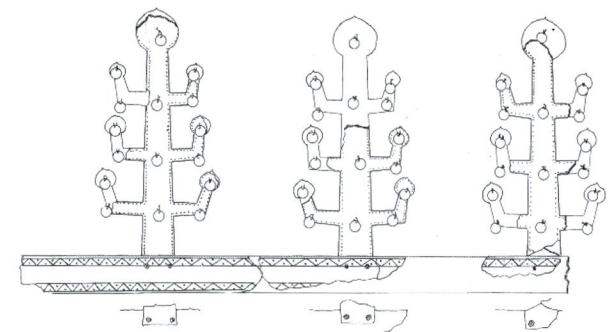

[그림 4] 복천동(동) 1호 출토 금동관

[사진 2] 복천동(동)1호 출토 금동관 관테문양

의 금동관으로 보았으나 입식이 5개인 예가 없으며 관테의 문양도 2종류로 확인되었기 때문에 2점으로 밝혀졌다. 관테의 잔존길이는 각각 26cm, 28.8cm이고 폭은 2.4cm이다. 입식의 높이는 17cm이다. 문양은 관테 상하단을 한 줄의 타출점열문으로 표현한 것과 거치문과 점문으로 표현한 것이 확인된다. 이 중 거치문은 10·11호분 금동관과 마찬가지로 삼각조기법을 사용하였으며 마찬가지로 그 폭을 좁혀서 시문하였다.

Ⅲ. 복천동 고분군 출토 금동관의 특징과 의미

1. 특징

기존의 관 연구에 따르면 복천동 고분군 출토 금동관들은 신라 수지형 대관의 분류체계 속에서 이해되고 있다. 신라 관은 백제나 가야의 관에 비해 그 형식의 공통성이 강하여 세밀한 분석을 통한 형식분류가 이루어졌다. 형식분류의 가장 주요한 속성은 입식의 가장자리의 줄기에서 뻗어나간 곁가지가 이루는 각도이며, 녹각장식, 대륜의 문양도 형식분류의 주요 속성으로 사용된다. 분류는 시원형-표준형-퇴화형으로 나누어진다.[5] 시원형은 곁가지의 각도가 밖으로 벌어지는 둔각이며 녹각형 장식이 달려있지 않다. 표준형은 곁가지의 각도가 직각을 이루면서 완벽한 출자형을 이루고 녹각형 장식이 추가된다. 퇴화형은 출자형의 형태가 무너지면서 곁가지가 서로 붙는 등 출자형 입식이라는 공통성이 무너져 내린다. 복천동 10·11호 금동관은 출자형 입식을 갖추지는 않았으나 가장 이른 시기의 것으로 시원형에 포함시키며, 복천동 동아대 1호분 출토품도 곁가지의 각도가 둔각임을 들어 역시 표준형 성립 이전 시원형으로 분류하고 있다.

1) 10·11호분 금동관

10·11호분 금동관은 앞서 기존 분류안에서 보았듯 표준형 성립 이전 가장 이른 단계의 것으로 보는 것은 공통되나 그 형식을 분류함에 있어서 초화형으로 보는 견해와 수지형에 포함시키는 견해가 있다. 초화형으로 보는 견해는 10·11호분 금동관이 수지형 대관 성립 이전의 다양한

---

5 咸舜燮, 2012, 앞의 글.

시원적 형태중의 하나 이거나,[6] 10·11호분 금동관이 수지형 대관으로 변화하는 형식화 과정을 상정하기 어렵다는 것을 근거로 한다.[7] 반면 수지형으로 보는 것은 입식 가지의 형태가 직선을 이루면서 위를 향하고 있으며 곡선을 연결하여 표현한 가야나 백제의 초화형 대관과 확연한 형태 차이를 보인다는 점에서 초화형으로는 볼 수 없고 표준형 성립 이전 수지형 대관의 여러 가지 시원적 형태 중 하나로 보는 것이다.[8]

초화형으로 관은 가야지역에서 주로 확인되며, 개체별로 형태가 매우 다양하여 수지형처럼 표준형태가 뚜렷하지 않다. 관테에 부착하는 입식의 수도 일정치 않으며 입식의 형상도 여러 형태이다. 초화형관이 형태가 다양하다는 점에 주목한다면 복천동 10·11호 금동관

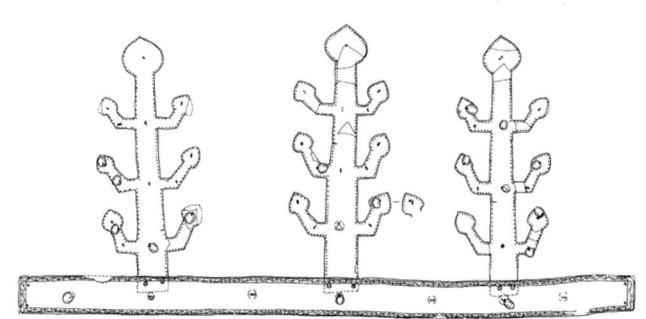

1. 경산 임당 7A호

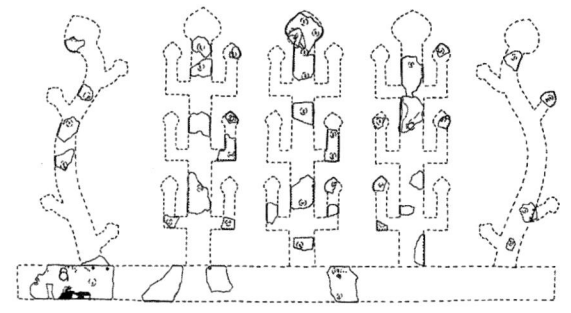

2. 경산 임당 5B1호

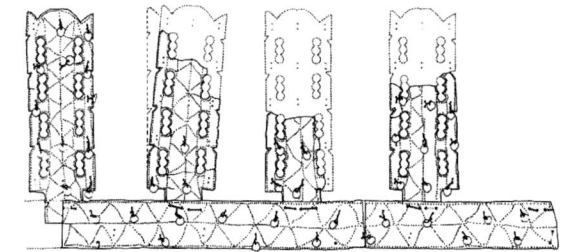

3. 단양 하리

[그림 5] 수지형 관의 단계 구분
1. 시원형 2. 표준형 3. 퇴화형

....
6   朴普鉉, 1987, 「樹枝形立華式冠의 系統」, 『嶺南考古學報』 4, 嶺南考古學會.
7   李漢祥, 2000, 앞의 글.
8   咸舜燮, 2012, 앞의 글.

[사진 3] 초화형 관
1. 지산동 32호분 2. 전 고령 3. 오구라 수집품 4. 지산동 75호

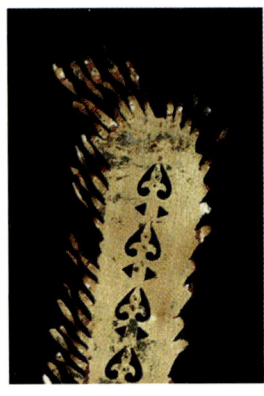

[사진 4] 투조문양 비교
좌: 복천동 10·11호, 중: 중앙박물관 소장 관식, 우: 의성 탑리 Ⅰ곽

의 3단 곁가지도 수지형과 연결시키지 않고, 초화형관의 다양한 형태중의 하나로 포함시켜도 큰 무리가 없을 듯 하다. 반대로 가운데 줄기에서 양옆으로 뻗어 나간 3개의 곁가지, 관테에 부착된 3개의 입식이 수지형관과 동일하다는 점을 우선적으로 고려한다면 10·11호 금동관을 수지형에 포함시키는 것도 가능하다. 따라서 복천동 10·11호 금동관은 다양성과 공통성 어느 관점에서 바라보는가에 따라 그 분류를 달리할 수 있다고 본다.

좌우 입식 최상단에 베풀어진 삼엽문 투조 장식은 고구려관에서 확인되는 요소로, 의성 탑리 Ⅰ곽 금동관에서 유사한 형태를 확인할 수 있다. 다만 의성 탑리 1곽에 투조된 문양은 복천동 처럼 동일한 삼엽문으로

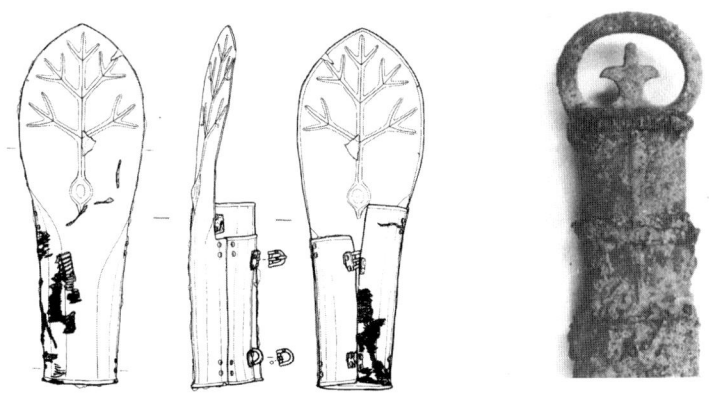

[그림 6] 복천동 10·11호 출토 굉갑(左), 삼엽문 환두대도

표현된 것이 아니라 그 형상을 간략화하여 표현하였다. 또한 입식의 둘레를 깃털모양으로 장식한 우모형의 관이라는 것도 고구려 관과 동일하다. 이렇듯 의성 탑리 Ⅰ곽은 고구려의 관을 간략하게 모방하여 제작한 것으로 보인다.

복천동 금동관은 삼엽문 투조가 의성 탑리 Ⅰ곽에 비해 더욱 사실적으로 표현되었다. 고구려관을 단순 모방하였다기 보다는 삼엽문에 대한 명확한 인식이 깔려있었는데 금동관과 함께 출토된 삼엽문 환두대도가 그 근거가 된다. 복천동 10·11호에서는 굉갑(肱甲)도 함께 출토되었다.

굉갑 중앙 본체에는 나뭇가지 모양의 문양이 타출되어 있다. 그 형태는 금동관 입식의 형태와 닮아있는데 중앙에서 뻗은 3개의 가지와 뿌리쪽의 보주형이 그러하다. 이렇게 삼엽문·보주문·나뭇가지 형태라는 3가지 요소들이 서로 어우러져 금동관에서 표현되고 그것들이 모두 공반된 유물에서 확인된다는 점은 복천동 10·11호 금동관 제작의 근간이 되는 인식이 외부적 영향 보다는 내재적인 것에 있음을 의미한다 하겠다. 정리하자면 동일하게 고구려관의 영향을 받았더라도 의성 탑리 Ⅰ곽 금동관은 간략화한 모방제작이라면 복천동 10·11호 금동관은 높은 이해도를 바탕으로 고구려적 요소를 재현하면서 자체적으로 재창안 한 것이다. 덧붙여 10·11호 금동관 입식과 굉갑의 나뭇가지 문양과의 연관성을 염

두에 둔다면 복천동 10·11호 금동관의 분류는 나뭇가지를 뜻하는 수지형에 포함시키는 것이 적절하다고 본다

2) 1호분(동아대) 금동관

1호분(동아대) 금동관은 전형적인 신라 수지형 대관의 모습을 보인다. 입식의 모양이 출자형의 모습을 갖추었다. 1호분(동아대) 출토 금동관과 유사한 형태로 꼽을 수 있는 것은 경산 임당동 7A호·7C호, 조영동 CⅡ-1호 출토품 등이 있다. 수지형 대관 연구에 의하면 입식의 곁가지는 둔각에서 직각으로 점차 가까워지고 관테의 장식이 늘어나는 방향으로 변화하는 것으로 본다. 1호분(동아대) 금동관의 곁가지 각도는 둔각으로 파악되며 입식의 장식도 간단하여 표준형 성립 이전의 시원형에 포함시킨다.

하지만 기존까지 동아대 1호분의 곁가지 각도를 둔각으로 파악한

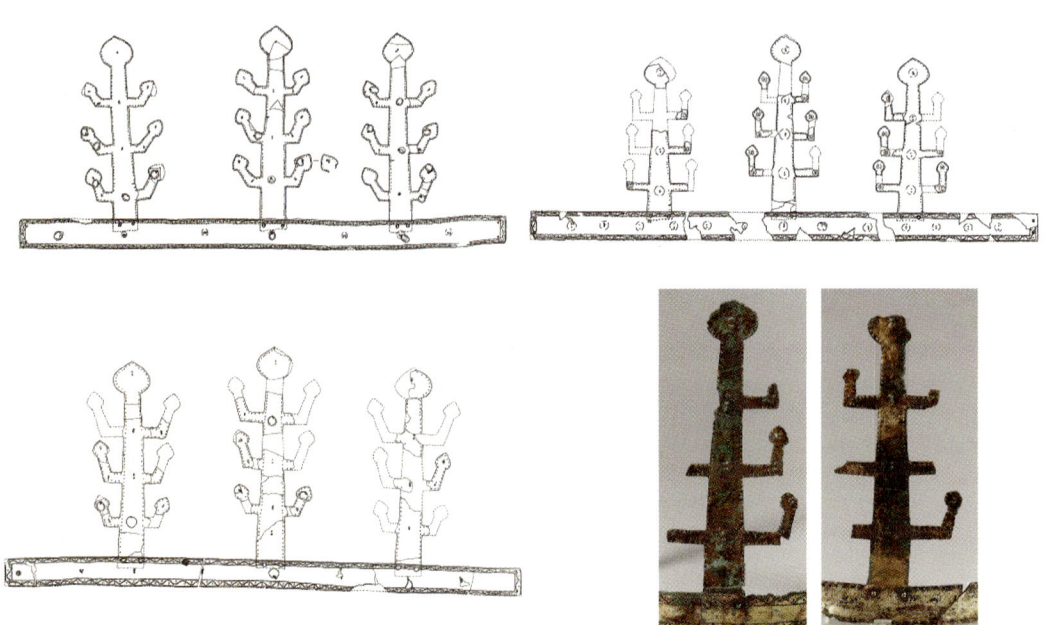

[그림 7] 동아대 1호분 금동관 및 비교 대상 관
左上:임당동 7A호 右上: 임당동 7C호, 左下: 조영동 CⅡ-1호, 右下: 복천동 동아대 1호

것과는 달리 1호분 가지의 각도는 3개의 단이 각각 다른 각도를 가지고 있는 것으로 파악된다. 1969년 긴급발굴조사 당시에 작성한 도면을 보면 3단의 가지를 모두 둔각으로 표현하였지만, 실제 유물이나 사진을 통해 본다면 가지가 이루는 각도가 아래에서 위로 올라가면서 점차 줄어들어 가장 상단은 직각에 가까워 진다. 입식의 잔존상태가 그리 좋지 않아 모두를 확인 할 수는 없으나 나머지도 역시 동일한 형태일 것으로 추정된다.

  이러한 입식의 형태에 주목을 해야하는 이유는 3단의 가지의 각도를 조금씩 달리하면서 위로 올라갈수록 좁아지도록 제작하는 방식은 다른 금동관에서는 찾아보기 힘들며 복천동에서만 확인되는 방식이기 때문이다. 또한 복천동 1호분 출토 금동관 2점은 관테의 문양은 서로 다르더라도 입식은 동일하게 점차 각도가 줄어들도록 제작되었는데, 이것은 제작상의 실수나 미흡함이 아니라 이미 전체형태를 인식하고 있었던 계획적인 행위임을 말해준다.

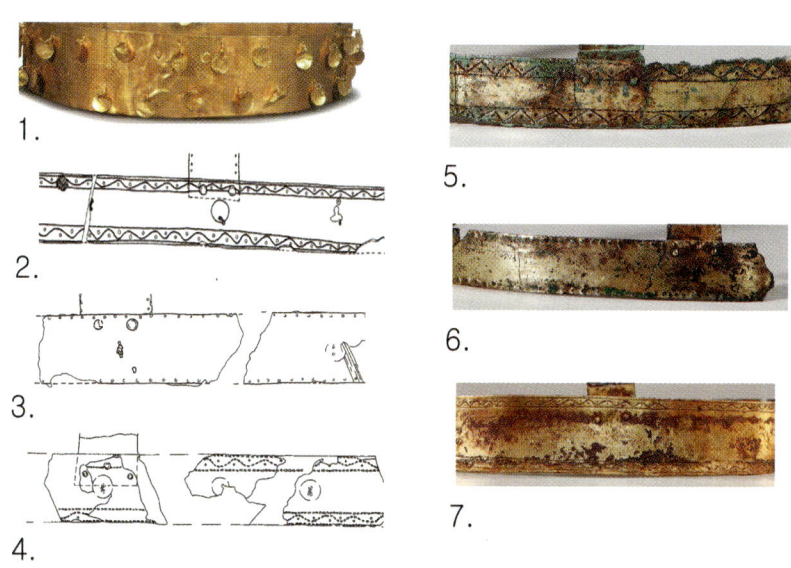

[그림 8] 관테 장식 비교
1. 경주 교동, 2. 경산 조영동 CⅡ-1호 3. 달성 문산리 3-1호, 4. 금관총 5,6. 복천동(동) 1호, 7. 복천동 11호

1호분 금동관은 관테 가장자리에만 문양이 확인되고 관테의 중앙 부위에 영락을 부착하거나 장식을 추가한 흔적은 확인되지 않는다. 관테가 모두 잔존하고 있지는 않으나, 남아있는 부위만 확인하여도 관테 중앙 부위에 다른 장식을 부가하지 않았다는 것을 충분히 알 수 있다. 신라 수지형 대관은 관테 중앙 부위에 영락 혹은 문양을 부가하고 있다. 이러한 방식은 경주에서 출토된 수지형 대관의 시원형인 교동 금관에서부터 늦은 단계까지 보이는 신라 관의 공통된 양상이다. 하지만 복천동 출토 금동관은 1호분에서 출토된 2점은 물론, 10·11호분 금동관에서도 관테의 중앙 부위에 장식이 추가 되지 않는다. 따라서 이것은 복천동 금동관의 제작 특징으로 보여진다. 가장 이른 시원형에서부터 늦은 단계까지 보이는 신라 관의 공통된 특징이 복천동에서만 보이지 않는다는 점은 복천동 출토 관과 신라 관의 관계를 달리 하여 볼 필요가 있음을 말하는 것이다.

2. 의미

복천동 고분군 금동관에 관해서는 신라에서 사여한 물품으로 파악하거나[9] 반대로 복천동 고분군 집단이 제작한 것으로 보기도 한다.[10] 신라 중앙에서 사여한 것으로 보는 견해는 복천동 금동관이 신라 중앙에서 제작되었으며 신라 왕경 세력이 복천동 집단의 정치·경제적 지위를 일정 부분 인정하는 징표의 상징물로 이해하는 것이다. 곧 복천동에 금동관이 부장되는 단계에 이미 신라에 편입된 것으로 보는 것이다. 복천동 고분군 집단이 제작한 것으로 보는 것은 복천동의 신라편입 시점을 더 늦

---

9 최종규, 1983, 앞의 글.
10 박보현, 1987, 앞의 글.
　김두철, 2019, 「가야사에서 복천동고분군의 위상과 역할」, 『항도부산』 37, 부산광역시사편찬위원회.

게 파악하여 복천동 금동관을 신라의 관이 아닌 가야의 관으로 보는 견해이다. 아래에서는 앞서 살펴본 복천동 출토 금동관의 특징을 근거로 복천동 출토 금동관의 성격을 살펴보고자 한다.

[사진 5] 경주 교동 금관

잘 알려져 있듯 복천동 10·11호 출토 유물은 황남대총 남분에서 보이는 신라 귀족적 문물의 토대가 된다.[11] 이것은 비단 금동관 뿐만 아니라 무기나 무구류에서도 마찬가지이다. 황남대총 남분 단계에 이르러 정형화된 입식을 갖춘 관이 제작되고 시원형은 소멸되는 것으로 이해된다.[12] 시원형으로는 복천동 10·11호 금동관과 함께 경주 교동 금관이 함께 꼽힌다. 출자형의 입식을 갖춘 정형화된 신라관이 상기한 두 관의 요소들을 결합하여 성립되었다면, 입식의 3단 가지는 복천동 10·11호 출토품이 영향을 주었을 것이고, 보주형 곁가지는 교동 금관에서 그 영향을 받았을 것이다.

10·11호 출토 금동관에서 고구려적 요소인 삼엽문 투조가 확인되는 이유는 지정학적 위치에서 찾았다.[13] 복천동이 위치한 부산은 고구려 남정의 주요 무대로 고구려 영향력의 농도가 다른 곳에 비해 짙으며 이러한 배경으로 신라 중앙 집단이 의도적으로 신라 대관 중 고구려적 성격이 강한 관을 특별 제작해 선택적으로 공급한 것이라 하였다. 유사하게 고구려 관 요소가 확인되는 의성 탑리 I 곽 출토 대관도 의성 지역이 신라 북부 변경의 신라와 고구려의 접경지라는 것에서 그 원인을 찾는다.[14]

고구려 관의 영향을 받은 두 사례 모두 그 지정학적 위치가 관여했

---

11 金斗喆, 2011, 「皇南大塚 南墳과 新羅古墳의 編年」, 『한국고고학보』 80, 한국고고학회.
12 李漢祥, 2000, 앞의 글.
13 김재열, 2019, 「삼국시대 복천동고분군 출토 장신구의 가치」, 『복천동 고분 유물과 발굴 50년』, 복천박물관 제12기 고고학시민강좌.
14 김재열, 2019, 「금성산 고분군 신라 장신구의 특수성」, 『영남고고학보』 83, 영남고고학.

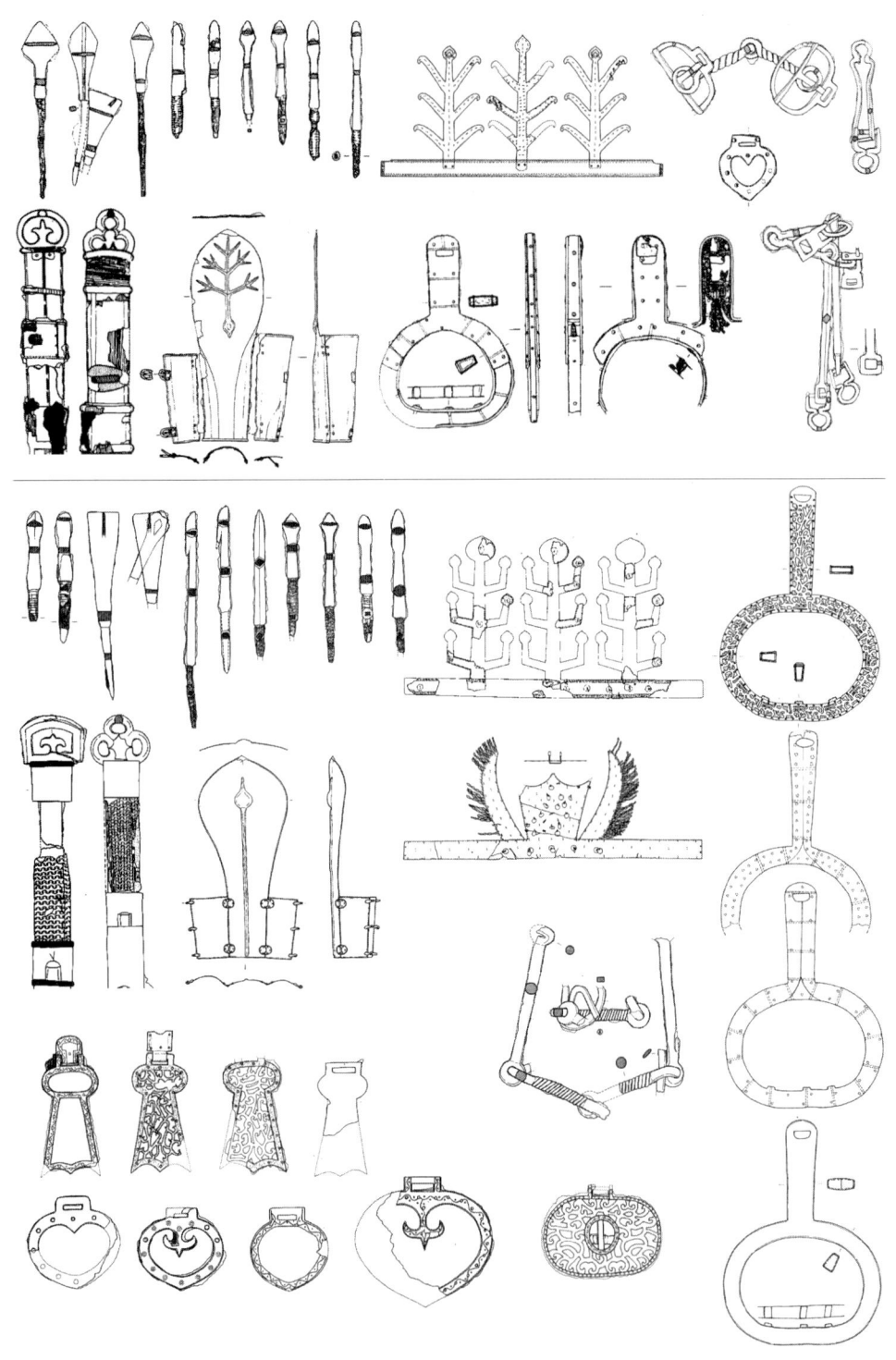

[그림 9] 복천동 10·11호분(上)과 황남대총 남분 출토 금속유물(下) 비교 (김두철 2011)

음은 분명하다고 생각된다. 다만, 그 영향을 받아들이는 방식에 있어서 큰 차이점이 있음을 말하고 싶다. 먼저 의성 탑리 Ⅰ곽 출토품은 모방의 성격이 강하고 복천동 10·11호 금동관은 재창안의 성격을 가진다고 앞서 언급하였다. 두 곳이 모두 지정학적으로 고구려와의 관계를 고려한 동일한 목적을 가지고 신라에 의해 공급된 것이라고 보기에는 두 관의 형태가 매우 상이하다. 그것은 결국 입

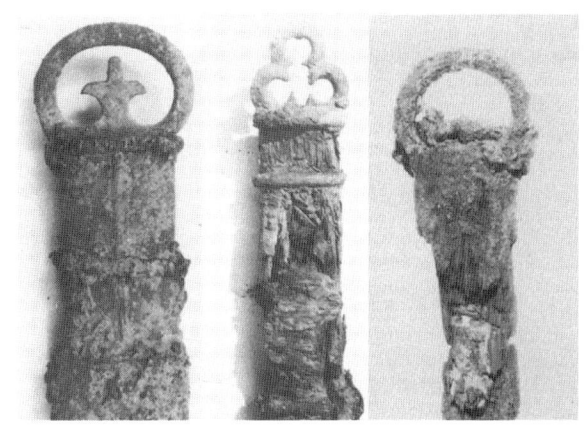

[사진 6] 복천동 10·11호 출토 환두대도

수루트가 다르기에 나타난 것으로 의성 탑리 Ⅰ곽 출토품이 직접적으로 고구려와의 관계를 고려하여 신라 중앙에서 모방하여 제작·공급한 물품이라면 복천동 10·11호 금동관은 자체적으로 고구려와의 관계속에서 영향을 받아 복천동 내부에서 3단의 나뭇가지형 입식이라는 새로운 요소를 가미하여 다시 재창안 한 것이다.

　　복천동 10·11호분에서는 3점의 장식대도가 출토되었는데 그중 삼루환두대도가 확인된다. 이것에 선행하는 삼루환두대도는 경주에서 아직 확인된 바가 없다.[15] 관과 장식대도는 그 형태의 차이가 명확하기 때문에 착장자의 성격을 가장 시각적으로 잘 나타낼 수 있는 물건이며 그것이 가지는 상징성과 중요성 또한 높을 것이다. 그렇기에 중앙이 지방에 사여한 물건임에도 오히려 지방에서 이른 단계의 것이 먼저 보인다는 점은 부자연스럽다고 할 수 있다. 또한 그것이 일회성에 그친 것이 아니라 이후 중앙에서 출자형 입식이라는 전형이 성립되는 것에 영향을 주고 후행하는 형식으로 나타난다는 점에서 사여로 보기 보다는 그 입수경로를 주

---

15 김두철, 2010, 「前期伽倻와 新羅」, 『釜山大學校考古學科創設20周年記念論文集』, 釜山大學校 考古學科.

체적인 경로나 현지 제작품에서 찾는 것이 좀 더 자연스러울 것으로 보인다.

동아대 1호분은 출토된 금동관이 출자형 입식을 갖추어 신라 대관의 표준형식과 거의 동일하며, 2단 교호투창고배가 출토되어 신라고분으로 인식하고 있다. 그러한 이유로 금동관 역시 신라에서 공급된 것으로 보고 있다. 하지만 동아대 1호분 출토 유물은 신라의 영향만을 받았다기보다는 다양한 계보를 나타내고 있다.

먼저 2단교호투창고배는 3단각고배로 경주식토기가 아니라 당시 유행한 부산식 고배로 볼 수 있다.[16] 내만 타원형 판비는 대가야와의 관련이 상정되며, 토기 중에서는 경상남도 서부에서 계보를 찾을 수 있는 고배와 유공광구소호도 포함되어 있으며, 금제 수식부 이식은 낙동강이동지역에서는 거의 확인되지 않는 백제 및 대가야권의 구조이다.[17] 금동관도 앞서 살펴보았듯 신라 수지형 대관을 충실히 재현하는 것이 아니라 복천동에서 확인되는 독특한 제작방식을 보인다. 따라서 복천동 동아대 1호분에 금동관이 부장된 것은 출자형 입식을 갖추었기 때문에 신라에 의해 사여된 것이 아니라, 함께 부장된 유물의 다양한 계보를 근거로 피장자가 대외교류의 자율성을 가지고 있었으며, 금동관도 신라를 통해 입수한 것이 아니라 신라의 수지형 대관을 모방하여 복천동 현지에서 제작하였을 것으로 보인다. 혹은 현지 제작품이 아닌 자율적 교류에 따른 입수품이었을 가능성도 있겠으나 관의 제작방밥에서 복천동에서만 보이는 특징이 있어, 현지제작에 좀 더 무게를 두고자 한다.

하나의 무덤에서 2점의 금동관이 출토된 이유는 복천동 고분군 집단의 위세품에 대한 인식과 관련있는 듯 하다. 복천동에서 수지형 대관의 시원형이 탄생했음에도 금동관이 확인되는 예는 매우 드물다. 복천동은

---

16 김두철, 2019, 「가야사에서 복천동고분군의 위상과 역할」, 『항도부산』 37.

17 高田貫太, 2018, 「금속제 복식품으로 본 4,5세기 김해·부산지역과 왜」, 『금관가야 복식과 대외교류』, 가야복식 복원사업 연구용역 제1차 국제학술세미나.

[그림 10] 복천동(동아대)1호 출토 유물

무장집단의 성격이 강하여 지배층의 권위를 상징하는 것으로 갑주류를 활용하는 경향이 있다. 그렇기에 자연스럽게 위세품으로의 관은 다른 지역에 비해 상대적으로 그 중요성이 낮아 활발하게 제작되지 않았으며 오히려 외부인 신라 귀족문화에 영향을 주어 신라 수지형 대관의 성립으로 이어지게 된다. 이러한 복천동 집단의 관에 대한 인식은 1호분(동아대)단계 까지 이어진다. 비슷한 사례로 대가야에 지산동 32호분 출토 금동관과 같이 독특한 관 문화가 존재하였음에도 고총 속에서 관이 많이 출토되지 않는 것을 용봉문대도의 중요성이 높았고 신라만큼 관식이나 관이 중요한 위치를 차지하지 않은 것으로 이해한 바 있다.[18] 복천동 또한 마찬가지였던 것으로 보이며 1호분에서 출토된 금동관은 다른 지역에서 보이듯 복식 구성품의 하나로 특정 소속의 정체성을 나타내고자 하였다기보다는 다양한 장신구 중의 하나일 뿐이었던 것이다.

---

[18] 박보현, 2014, 「대가야의 관모전립식고」, 『과기고고연구』 20, 아주대학교 박물관.

Ⅳ. 맺음말

이상으로 복천동에서 출토된 3점의 금동관의 형태를 통해 특징을 검토한 결과 신라관에서는 보이지 않는 제작상의 차이를 찾아볼 수 있었다.

10·11호분 출토 금동관에서는 고구려관 관에서 보이는 요소들을 모방이 아니라 응용을 통해 새로운 형태로 만들어내었다. 3단의 나뭇가지형태의 입식을 탄생시켜 향후 신라 관에 큰 영향을 끼친다. 동아대 1호분 출토 금동관에서는 입식 곁가지의 독특한 제작방식이 확인되었다. 이는 관을 집단의 정체성을 나타내는 복식의 구성품이 아니라 장신구의 하나로 이해하여 자유로운 방법으로 창안할 수 있었기에 가능하였던 것이다. 만일 동아대 1호분의 금동관이 신라 중앙에서 지방세력인 복천동으로의 사여와 관련된 것이었다면 공통된 정체성을 유지해야 했기에 자체적으로 제작하더라도 일정 틀을 벗어나지 않았어야 할 것이다. 일견 신라 수지형관과 다를 바 없어 보이는 동아대 1호분 금동관을 틀을 벗어난 것으로 판단하는 이유는 그 차이가 입식 곁가지의 각도라는 가장 주요한 속성에서 변화가 일어났기 때문이다. 금동관이 많이 출토되는 지역인 경산지역을 살펴보면 자체적으로 제작이 되었더라도 입식이 아닌 문양의 시문을 하는 방법에서 제작 방식의 차이점이 나타난다.[19] 이러한 점은 제작 방식의 차이가 의미하는 바가 다르다고 할 수 있다. 10·11호분 금동관과 동아대 1호분 금동관은 각자의 특징을 가지면서도 관테에 문양 이외에 다른 장식이 부가되지 않는다는 공통점을 가지고 있었다. 특히 관테의 중앙부위에 장식을 부가하는 것이 늦은 시기 까지 계속해서 이어지는 신라 관의 전통이라는 점에서 볼 때, 그것이 부재한 복천동 출토 금동관과 신라 관을 구분 짓는 것은 더욱 확실하다고 생각한다.

---

[19] 김재열, 2010, 앞의 글.

참고문헌

東亞大學校博物館, 1970, 『東萊福泉洞第1號古墳發掘調査報告』.
釜山大學校博物館, 1983, 『東萊福泉洞古墳群』 I.
김재열, 2010, 「5~6세기 신라 慶山地域 政治體의 冠」, 『신라사학보』 20, 신라사학회.
김재열, 2019, 「금성산 고분군 신라 장신구의 특수성」, 『영남고고학보』 83, 영남고고학.
김재열, 2019, 「삼국시대 복천동고분군 출토 장신구의 가치」, 『복천동 고분 유물과 발굴 50 년』, 복천박물관 제12기 고고학시민강좌.
김두철, 2010, 「前期伽倻와 新羅」, 『釜山大學校考古學科創設20周年記念論文集』, 釜山大學校 考古學科.
김두철, 2011, 「皇南大塚 南墳과 新羅古墳의 編年」, 『한국고고학보』 80, 한국고고학회.
김두철, 2019, 「가야사에서 복천동고분군의 위상과 역할」, 『항도부산』 37, 부산광역시 사편찬 위원회
朴普鉉, 1987, 「樹枝形立華式冠의 系統」, 『嶺南考古學報』 4, 嶺南考古學會.
朴普鉉, 2014, 「대가야의 관모전립식고」, 『과기고고연구』 20, 아주대학교 박물관.
李漢祥, 2000, 「新羅冠 硏究를 위한 一試論」, 『考古學志』 12, 韓國考古美術研究所.
李漢祥, 2004, 『황금의 나라 신라』, 김영사.
李漢祥, 2019, 「가야 장신구의 제작 기술」, 『가야인의 技術』, 국립가야문화재연구소 개소30주 년 기념 학술심포지엄.
이현상, 2018, 「百濟 漢城期 金工品 製作技術 硏究」, 공주대학교 대학원 박사 학위 논문.
崔鐘圭, 1983, 「中期古墳의 性格에 대한 약간의 考察」, 『釜大史學』 7, 효원사학회.
함순섭, 2012, 「新羅 樹枝形帶冠의 展開過程 研究」, 경북대학교 대학원 박사 학위 논문.
高田貫太, 2018, 「금속제 복식품으로 본 4,5세기 김해·부산지역과 왜」, 『금관가야 복식과 대외교류』, 가야복식 복원사업 연구용역 제1차 국제학술세미나.

「부산 복천동 고분군 출토 금동관의 구조와 특성」에 대한 토론문

김도영 경북대학교 인문학술원

홍성율 선생님은 부산 복천동 11호분(1점)과 1호분(동아대, 2점)에서 출토된 금동관을 분석하고 그 의미에 대해 역사적으로 해석하셨습니다. 이 글을 통해 토론자가 그다지 인식하지 못한 복천동고분군 출토 금동관에 대해 더욱 자세히 알 수 있게 되었습니다. 평소 삼국시대 금동관에 관심을 두고 있으면서도 몰두하여 분석한 적이 없는 터라 드리는 질문이 다소 愚問일지 모르겠습니다. 글을 읽으면 느끼거나 궁금한 점을 질문드리면서 토론자의 소임을 다하고자 합니다.

1. 논지 전개 방식

발표자는 복천동의 금동관과 다른 지역에서 출토된 특정 금동관을 비교하는 방식으로 논지를 전개하고 있다. 아무래도 주어진 발표 주제가 특정 고분군에 한정되다 보니 어쩔 수 없었다고 생각된다. 다만 어떤 특정 유물의 의미를 역사적으로 평가하기 위해서는 우선 그 유물(군)의 집성·분석을 바탕으로 그 변화를 서술하여 시간 축을 세우는 작업이 선결되어야 할 것이다. 복천동 고분 출토 금동관과 관련된 금동관을 집성·분석하여 그 전체 흐름이나 전개 과정 등을 파악한 후 복천동 출토품에 대해 평가하였다면 더욱 다양한 해석이 시도되었을 수 있을 것 같다. 앞으로 홍성율 선생님의 연구를 기대해 본다.

2. 복천동 금동관의 특징에 대하여

발표자는 복천동 금동관에 대하여 대륜(발표문의 관테)의 중앙에 장식(소위 볼록장식, 보요)이 없는 것을 근거로 '복천동 출토관과 신라 관의 관계를 달리하여 볼 필요가 있음을 말하는 것'이라고 하였다. 즉 복천동에서 출토된 금동관만 대륜의 중앙에 장식이 없다는 것이다. 다만 부산 이외의 지역에서 대륜에 장식이 없는 금동관이 한 점이라도 출토된다면 이 논리는 성립할 수 없게 되므로 주의할 필요가 있다.

물론 발표자의 지적대로 대륜의 장식에 특별한 역사적 의미를 내재되어 있을지도 모른다. 다만 경주 황오동34호분 출토 금동관을 직접 복원(그림 1)해본 경험을 바탕으로

[그림 1] 토론자가 복원한 경주 황오동 34호분 금동관

보건대 장식(소위 볼록장식, 보요)을 시문하는 행위 자체는 금동관을 제작하는 과정에서 이루어질 수도, 또는 그렇지 않을 수도 있는 하나의 과정에 지나지 않는다. 0.5~0.6mm 두께의 대륜에 볼록 장식을 표현하기 위해 토론자는 (그림 2)와 같은 방식으로 직접 복원실험을 진행한 바 있다. 바

[그림 2] 볼록장식의 제작

닥에 나무, 철 등을 두고 여러 공구를 사용하여 유물에 남은 볼록 장식과 가장 유사한 형태를 복원실험을 통해 증병해보고자 한 것이다.

하나의 금동관을 완성하기 위해서는 ①두께 0.5~0.6mm 동판 제작 ②도금 ③문양 전사 ④조금(축조, 원문) ⑤장식(볼록 장식, 보요) ⑥동판 절단 ⑦연마 ⑧병유 등 여러 과정을 거치게 된다. 발표자가 지적한 ⑤장식(볼록 장식, 보요)를 제외한 나머지 ①~④, ⑥~⑧는 복천동 금동관과 경주 금동관에서 함께 확인되는 요소이다. 이를 고려하면 제작기술로 보아 복천동 금동관과 신라 관은 오히려 친연성이 인정된다고 볼 수 있는데 이에 대한 발표자의 견해를 듣고 싶다.

3. 복천동 11호분 금동관에 대하여

발표자는 '삼엽문·보주문·나뭇가지 형태라는 3가지 요소들이 서로 어우러져 금동관에서 표현되고 그것들이 모두 공반된 유물(굉갑, 삼엽문환두대도)에서 확인된다는 점은 복천동 10·11호 금동관 제작의 근간이 되는 인식이 외부적 영향보다는 내재적인 것에 있음을 의미'하는 것으로 보았다. 또 이를 '고구려적 요소를 재현하면서 자체적으로 재창안 한 것'이며 '현지 제작품'으로 평가하였다.

우선 공반 유물이라고 한 굉갑과 삼엽문환두대도에 살펴보자. 굉갑은 현재 경주 황남대총 남분(금동, 은), 천마총(금동), 금관총(금동), 대구 달성34호분(금동), 상주 신흥리 나-37호분(철) 등 신라권역에서 집중적으로 출토되었다. 일본열도에서도 滋賀県新開1号墳(철), 兵庫県宮山古墳(철), 福岡県月の岡古墳(철지금동) 등 신라계 유물이 출토된 고분에서 굉갑이 공반된다. 경주를 핵으로 한 재질차도 인정된다(경주:금동·은, 지방:철). 현재까지 출토된 자료에 근거한다면 굉갑은 신라계유물로 파악할 수 있다. 삼엽문환두대도 역시 남분 이후에 등장하는 신라의 것과 유사한 요소가 많은 것으로 보인다.

한편 복천동11호분 금동관과 가장 유사한 형태는 발표자도 지적한 것처럼 경주 교동68번지 출토품(도굴품)이다. 이상 발표자가 '내재적'이라고 판단한 요소는 신라와 깊게 관련된 것으로 이해되는데 이에 대한 발표자의 견해를 듣고 싶다.

4. 복천동 11호분 삼루문환두대도

발표자는 복천동 11호분 삼루환두대도보다 선행하는 사례는 경주에서 아직 확인된 바가 없다고 하였다. 신라를 대표하는 삼루문환두대도의 선후 관계를 무엇으로 알 수 있는지 궁금하다. 참고로 흡사한 사례가 대구 문산리M1호분, 울산 하삼정2호분 등에서 유사한 사례가 출토되어 경주에서 선행 형식이 발견될 것이라는 견해(高田 2014)도 있다.

5. 금공품 제작과 관련한 새로운 연구 동향

발표자가 언급한 유물의 제작지를 정리하면 아래 표와 같다. 그 타

고분	유물	제작지
복천동 1호분(동아대)	금동관	현지 제작
복천동 11호분	환두대도	현지 제작
	금동관	현지 제작
의성 탑리 Ⅰ곽	금동관	신라 중앙에서 모방하여 제작·공급

복천동 1호분 출토 대관의 조금(축척부동)

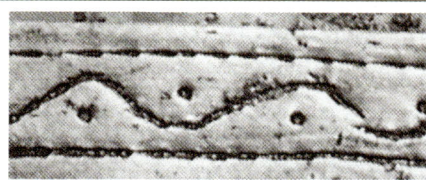
복천동 10·11호분 출토 대관의 조금(축척부동)

당성 여부는 차치하고 최근 금공품의 제작지, 생산과 유통과 관련하여 표면에 남은 조금(彫金)기술을 분석한 연구(諫早直人 2016)는 충분히 주목해 봄직하다. 이 연구에 따르면 복천동1호분(동아대) 금동관은 조금기술이 일정하지 않은 반면 복천동11호분 금동관의 조금기술은 정연하다고 한다. 나아가 만약 당시 금공품 생산기술이 특정 왕권에 독점되었다면 양자의 조금기술 격차는 경주지역 내 공방 간의 차이로, 금공품 생산기술이 특정 왕권에 독점되지 않았다면 각 지역의 기술 수준 차이라고 결론짓는다. 이처럼 조금기술을 분석하여 금공품의 제작기술과 제작지를 비정하는 최근의 연구 동향은 복천동 고분군에서 출토된 금동관을 해석하는 데도 유용하며 새로운 결과를 도출할 수 있다.

6. 복천동 세력의 성격

마지막으로 복천동고분군의 정치적 성격이 시기별로 어떻게 변화하는지 발표자의 견해를 듣고 싶다.

참고문헌

諫早直人, 2016, 「新羅における初期金工品の生産と流通」, 『日韓文化財論集』Ⅲ, 奈良文化財研究所学報第95冊, 奈良文化財研究所, pp.101-127.
高田貫太, 2014, 『古墳時代の日朝関係』, 吉川弘文館.

3

백제 금동관의 금공기술 연구
― 주변국 자료와의 비교를 중심으로 ―

이현상 충남역사문화연구원 책임연구원

I. 서론
II. 문양표현기술
  1. 투조기법
  2. 조금기법
III. 외형제작기술
  1. 성형기법
  2. 도금기법
  3. 조립기법
IV. 결론

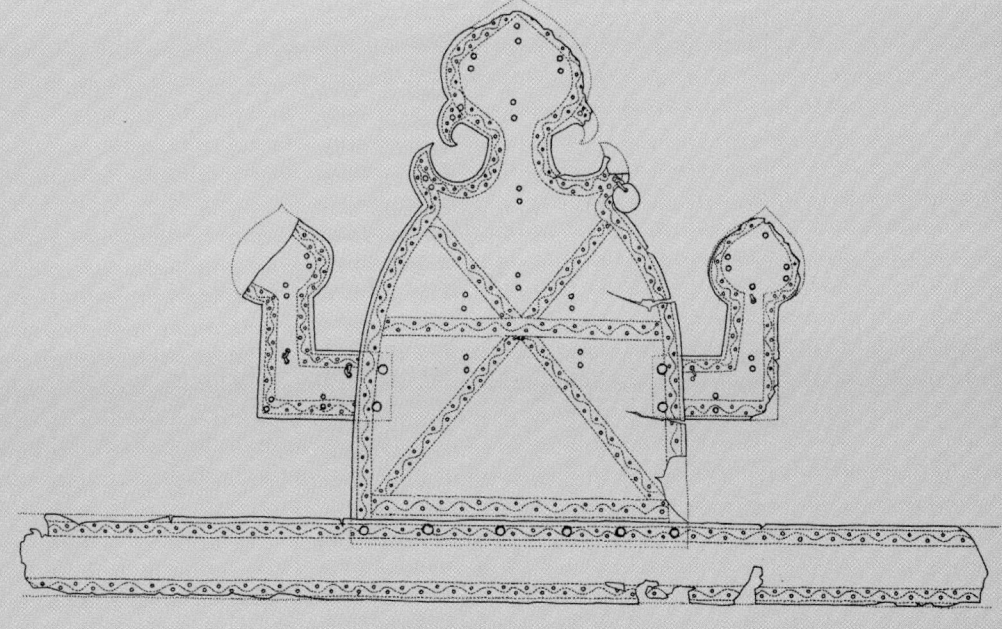

I. 서론

금공(金工)은 단단한 금속을 가공하여 예술작품을 만드는 일이며 고대 각 나라의 문화수준을 가장 잘 보여주는 척도 가운데 하나이다. 금공품을 만들려면 일정 수준 이상의 기술적 진보가 뒤따라야만 한다. 즉, 자연 상태의 원광석에서 금속을 분리시키는 제련기술, 특정한 금속만을 선택적으로 얻어내는 정련기술, 금속을 섞어 필요에 맞는 소재를 만드는 합금기술 등이 전제되어야 한다. 우리 역사를 되돌아보면 이미 청동기시대부터 금속공예품이 만들어졌고 조선시대에 이르기까지 사회적 요구에 발맞추어 꾸준히 발전한 면모를 확인할 수 있다. 금공은 다른 공예 분야와 달리 재료의 희소성, 복잡한 공정, 기술의 완성도 등을 필요로 한다.

백제 금공품에는 거의 모든 종류의 금공기술이 확인된다. 주조와 단조를 비롯하여 투조, 조금(彫金), 입사, 누금(鏤金), 타출, 도금 등이 그것이다.[1] 그런데 이와 같은 고급스런 금공기술 가운데 대부분이 이미 백제 한성기 금공품에서 확인된다.

본고에서 살펴보고자 하는 백제 금동관은 주로 한성기 백제고분에서 출토된다. 공주 수촌리, 서산 부장리, 화성 요리, 고흥 길두리, 익산 입점리, 나주 신촌리 등에서 출토되었다. 이중 신촌리9호분 을관의 경우 웅진기에 해당한다. 공주 수촌리1호분의 경우 5세기를 전후한 시기에 축조된 것으로 파악하는 견해가 많다. 이 무덤에서 출토된 금동관은 이미 백제적인 도안을 갖추고 있고 투조, 조금, 도금, 조립 등이 완숙의 경지를 보여주고 있어 주목된다. 근래 한성기 자료가 축적되면서 이 시기 백제 금공기술의 수준이 매우 발달했고 그것이 웅진기 금공품 제작의 토대가

---
1 李貴永, 2009, 「백제 금속공예 제작기법의 전개양상」, 『백제학보』2009-2, 백제학회, pp.178~179.

되었음을 알게 되었다.[2]

필자는 이 글[3]에서는 백제 금동관에 구현된 금공기술에 대하여 전반적으로 검토하였으며, Ⅱ장에서는 문양표현기술인 투조기법과 조금기법, Ⅲ장에서는 금속판재를 어떠한 방법으로 성형하고 도금기법은 어떤 과정을 거쳤는지에 대해 살펴보았다. 특히 조금기법에 대해서는 주변국 금공품에서 보여지는 기술적 속성과 비교하여 백제적인 특징을 찾아보고자 한다. 또한 그것이 시간의 흐름에 따라 어떤 방향으로 변화하였는지에 대해서도 검토하여 백제 판금재 금공기술의 특징을 살펴보았다.

Ⅱ. 문양표현기술

1. 투조기법

문양을 금속에 표현하고자 끌을 이용해 소지금속 일부를 뚫어내는 기법을 투조라 한다. 바탕을 뚫어내는 경우가 많지만, 문양 부분을 뚫어내기도 한다. 영락이나 못을 부착하거나 판과 판을 연결하기 위해 구멍을 뚫는 것도 광의의 투조에 포함시킬 수 있다.

백제 금동관에는 다양한 형태의 투조 문양이 베풀어졌다. 투조에 사용되는 도구는 철제 끌[鐵鑿]이다. 문양의 외곽선을 따라가며 오려낼 수 있어야 하므로 끌은 다양한 형태로 제작된다. 문양의 곡선이 부드러운 경우 치수가 다른 수많은 끌을 사용해야 투조가 정교해진다. 금속에 조각을 하거나 일부분을 뚫어내려면 반드시 고탄소강으로 만든 공구를 갖추

---

2 이한상, 2011, 『東아시아 古代 金屬製 裝身具文化』, 도서출판 考古, p.120.
3 이 글은 필자의 박사학위논문 「百濟 漢城期 金工品 製作技術 硏究」의 일부를 수정·보완하여 전재한 것임을 밝힌다.

어야 한다. 그와 같은 공구를 제작할 수 있는 기술이 없다면 투조작업 자체를 수행할 수 없다.[4]

백제 금공품에 남아 있는 투조기법의 흔적 가운데 밑그림의 존재가 우선 주목된다. 백제 장인들이 투조작업에 앞서 구상하였던 도안을 금속판에 송곳 등 날카로운 도구로 새긴 흔적이 웅진 및 사비기 금공품에 남아 있다. 아직까지 한성기 금공품에서는 유례가 확인되지 않는데, 그 이유는 금공품의 재질 차이와 관련이 있는 것 같다. 무령왕릉 출토 금제관식, 사비기 여러 유적에서 출토된 은제관식에서 밑그림의 흔적을 잘 살펴볼 수 있는데 그것은 이들 유물의 경우는 도금과 같은 표면처리를 하지 않아도 되는 소재이기 때문일 것이다.

[사진 1] 웅진기 이후의 백제 장신구에 보이는 밑그림 흔적
상: 무령왕릉 금제관식, 하: 육곡리 은제관식

그와 달리 금동제품의 경우 투조 후 도금공정을 진행하므로 밑그림의 흔적은 도금층 아래로 숨겨졌을 가능성이 높다. 도금된 경우는 밑그림 흔적이나 투조 흔적을 찾기가 어렵다. 백제 금동제품에는 아말감도금이 구사되어 있는데 현대의 전기도금과는 달리 많은 양의 금이 표면에 달라붙게 되고 그 때문에 금공품 표면의 미세한 흔적은 메워지게 된다.[5]

백제 금동관을 관찰해보면 투조가 진행된 금속판의 두께는 크게 두 종류로 구분된다. 얇은 판(0.1~0.6mm)은 투조한 끌의 단위흔적이 거칠게 남아 있는 것이 많고, 두꺼운 판(0.7mm이상)은 투조 후 절단면을 가공하여 매끄럽게 처리한 것이 대부분이다. 도안이 상대적으로 복잡한 용봉

---

4 향후 더 상세한 검토가 필요하겠지만 청동기시대 이래 백제 초기에 이르기까지의 금속제 유물 가운데 투조기법이 구사된 사례를 찾기 어려운 것은 기술도 기술이지만 적절한 도구가 없었기 때문은 아니었을까 추정된다. 철기 제작기술의 비약적 발전에 수반하여 금·은 등 귀금속소재를 활용한 다양한 제작기법이 발달하였을 개연성도 배제할 수는 없다.

5 아말감도금 공정의 최후 단계에 광쇠질을 하게 되는데 그 과정으로 인해 밑그림의 흔적이 숨겨졌을 가능성도 있다. 향후 과학장비를 활용하여 정밀한 촬영을 진행한다면 찾아질 가능성도 있다.

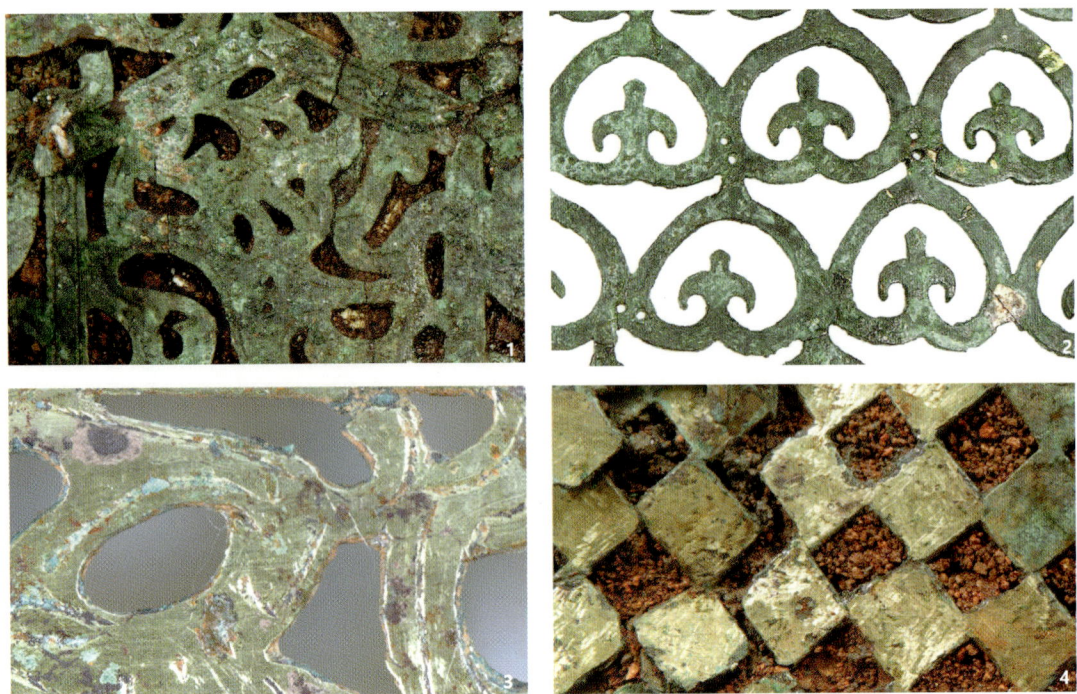

[사진 2] 한성기 백제 금동관과 금동식리에 구사된 투조기법
1. 부장리 금동관, 2. 요리 금동관, 3. 정촌고분 금동식리, 4. 길두리 금동식리

문 투조의 경우 도금 전에 얇은 동판(0.6mm 이하)이 사용되었고, 凸자·이엽·삼엽 등 기하학적 문양의 경우 두꺼운 판(0.7mm 이상)이 사용되었다. 이는 문양의 종류에 따라 그것을 정교하게 표현해낼 수 있도록 금속판의 두께를 달리해 제작하였음을 보여준다.[6]

용봉문계열의 도안을 갖춘 공주 수촌리1호분과 4호분,[7] 서산 부장리5호분[8] 금동관의 경우 지판의 두께가 얇은데 비해 초화문계열의 도안

---

6 타출로 제작된 익산 입점리86-1호분 금동관과 금동식리는 이면에서 정으로 두드려 앞면에 선명한 문양을 새겨야 하므로 백제 장인은 얇은 판재를 선택해 작업을 진행한 것으로 보인다.
문화재연구소, 1989, 『익산 입점리고분 발굴조사보고서』.

7 忠清南道 歷史文化研究院 外, 2007, 『公州 水村里遺蹟』.

8 忠清南道歷史文化研究院 外, 2008, 『瑞山 富長里遺蹟』.

[표 1] 백제 금동관 속성 및 판 제원

분류		유구 명	문양		문양표현 기법	크기(mm)		
유물명	종류		측판	입식/저판		판 두께	너비	높이
금동관	용봉문 투조	수촌리1호분	용,구름,화염	용,운,화염	투조,타출,조금	0.4	165	158
		수촌리4호분	용,운,화염	용,운,화염	투조,타출,조금	0.4	185	172
		부장리5호분	귀갑, 용봉	용,운,화염	투조,조금	0.3	169	147
	초화문 투조	길두리 안동고분	이엽	이엽,삼엽	투조	0.7	152	155
		요리1호분	삼엽	-	투조	0.9	156	155
	타출문	입점리1호분	어린(魚鱗)	봉황,연화	타출,조금	0.3	148	135
		신촌리 9호분 을관	연화	연화	타출	0.3	231	160

을 갖춘 고흥 길두리 안동고분,[9] 화성 요리1호분[10] 금동관의 경우 지판의 두께가 두껍다. 금속판의 두께는 제작기법의 차이에서도 달라짐을 확인할 수 있다. 익산 입점리, 나주 신촌리의 금동관과 금동식리에는 타출기법으로 문양을 장식하였다. 이 경우도 용봉문을 조금기법으로 장식한 것과 같이 지판의 두께가 얇은 것을 사용하였다.

웅진기의 대표유물에 해당하는 무령왕 관식에는 밑그림을 그린 흔적과 함께 투조끌에 의해 문양이 표현된 가공흔적을 쉽게 찾아볼 수 있다. 상대적으로 사비기의 은제관식에는 밑그림 흔적은 관찰되지만 투조끌의 흔적은 찾아보기 어렵다. 무령왕 관식은 연화문을 변형하여 복잡한 도안을 적용하였고 은제관식은 연화문을 도식화하여 간략히 표현하였다. 유물의 단면을 관찰해보면 문양의 구성차이에 따라 가공단면을 정리하는 기준이 달랐을 것 같다. 웅진기에 해당하는 신촌리 금동관이나 사비기 금동유물을 대표하는 부소산성 출토 금동광배의 문양도 정형화된 대칭 문양을 보여주며, 동소지에 도금을 하였다. 부드러운 곡선을 자연스럽게 표현한 것과 사실적인 형태를 도식적으로 표현한 것은 도안을 정리하기 위해 투조 후 별도의 가공과정을 거치는 것을 확인할 수 있다.

---

9 林永珍 外, 2015, 『高興 吉頭里 雁洞古墳』全南大學校博物館 外.

10 한국문화유산연구원 외, 2018, 『화성 요리고분군-화성 향남2지구 동서간선도로내 문화유적 발굴조사보고서-』.

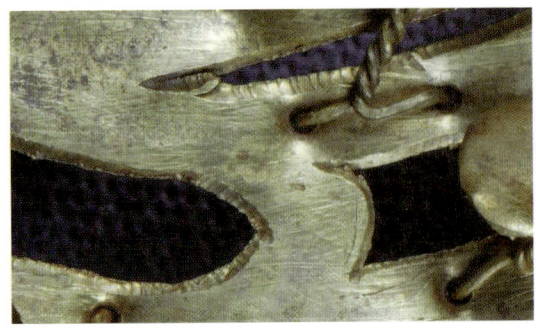

| 무령왕 관식(투조 끌 흔적) | 부여 하황리 은제관식(투조 후 마연) |

[사진 3] 백제 웅진 및 사비기 금공품의 투조기법

한성기 및 웅진기와 평행하는 시기의 신라 금공품에서도 투조기법의 흔적은 확인된다. 6세기 초의 무덤인 경주 천마총 출토 금제관모[11]에는 투조 공정을 알 수 있는 다양한 정보가 남아 있다. 특히 투조와 조금작업의 정밀도를 높이기 위해 소지금속에 송곳으로 밑그림을 그린 흔적이 잘 관찰된다. 그러나 천마총 관모에 선행하는 금관총 관모나 관식[12]에서는 조금, 타출, 조립을 위한 밑그림은 보이지만 투조를 위한 밑그림은 보이지 않는다. 금관총 관모는 투조만 베풀어진 판, 타출만 구사된 판을 각각 별도로 만들어 결합한 구조이다. 이 가운데 투조로만 제작된 판에는 밑그림이 보이지 않는다.

위와 같은 흔적을 통해 신라 장인의 작업방식을 두 가지로 나누어 생각해 볼 수 있다. 첫째, 신라 장인의 직감적인 도안 능력이 뛰어났을 가능성이 있을 수 있다. 둘째, 표면에 먹처럼 쉽게 지워지는 재료로 밑그림을 그려 놓고 투조한 다음 밑그림을 지웠을 수도 있다.

신라의 문양은 기하학적인 문양을 주로 사용하였고 유기적인 형태인 당초문양 등도 일정한 두께로 반복된 도안으로 도식화된 표현을 확인

---

11 文化財管理局 文化財研究所, 1974, 『天馬塚 發掘調査報告書』.
12 國立慶州博物館, 2016, 『慶州 金冠塚(遺物篇)』.

금관총 관모 밑그림 흔적

금관총 관모 투조

금관총 관식 밑그림 흔적

금관총 관식 투조

천마총 관모 밑그림 흔적

천마총 관모 투조

[사진 4] 신라 금관총 및 천마총 금공품의 투조기법

할 수 있다. 이러한 문양구성은 백제의 용봉문과 같이 사실적인 문양과는 크게 비교되는 것이어서 바탕금속에 밑그림의 흔적이 많지 않은 원인으로 생각된다.

2. 조금기법

조금은 바탕이 되는 소지금속의 표면에 문양, 문자 등을 표현하기 위해 단단한 정으로 새김질을 하는 기술을 의미한다.[13] 판금 또는 주조기법으로 제작된 작품의 표면에 사용되곤 한다.

조금에는 타조(打彫), 조각, 타출 기법이 있다. 타조는 금속 표면에 정질 하는 것으로, 정의 모양에 따라 점조(點彫), 삼각조(三角彫), 선조(線彫)로 세분할 수 있다. 점조의 단위문양은 송곳처럼 끝이 둥근 정을 이용해 찍어 만든 자그마한 점이다. 통상 연속적으로 타격하여 점열문을 이루게 된다. 삼각조의 단위문양은 끝이 각을 이룬 정으로 타격하여 만든 자그마한 삼각형 점이다. 통상 우측에서 좌측으로 진행하며 열을 이루게 되는데 삼각형이 횡치되고 꼭지점은 좌측을 향하게 시문된다.[14] 선조의 단위문양은 끝이 장방형인 끌을 타격하여 만들어지는 짧은 선이며 보통 횡선으로 표현된다. 연속으로 타격할 경우 직선처럼 일정 길이의 선이 부분적으로 단절되며 이어지는 모양이 된다. 이 기법은 가야 철지금은장 장식대도에서 문양을 새기는방법으로 활용되었고, 백제 한성기 금공품에는 이와 같은 선조기법은 보이지 않고 주로 삼각조기법이 확인된다. 이 3가지 기법은 모두 금속을 깎아내는 것이 아니므로 금속의 중량에는 변화가 없다.

----

13 조금기법에 대해 연구자마다 다양한 명칭을 사용하고 있다. 전용일(금속공예 기법)은 '점선 파기, 가는선 파기, 둥근선 파기, 면 파기' 등 4종류로 분류하였고, 香取正彦·井尾敏雄·井伏圭介 (金工の伝統技法)는 '毛彫り, 丸毛彫り, 片切り鏨, 刃鏨蹴り, 鏨魚々子鏨, 定鏨とその他の鏨, 線象嵌, 布目象嵌, 象嵌, 魚々子象嵌, 打ち出し, ききげ' 등 조금 이외에 타출과 상감기법을 조금기법에 포함시켜 분류하였다. 鈴木勉은 '点打ち, 蹴り彫り, なめくり, 毛彫り' 등 4가지로 분류하여 각각의 연구자마다 조금기법의 형식과 범위를 달리 부르고 있다. 이에 본 연구에서는 정을 이용해 금속표면을 쪼아서 문양을 새기는 방법과 끌을 이용해 금속표면을 파내는 방법, 이면에서 두드려 문양을 돌출시키는 방법을 분리하여 명칭을 정리하였다.

14 흔히 蹴彫라 부르는 기법이다. 蹴彫란 발로 공을 차듯이 끌과 망치를 비스듬히 배치한 다음 연속적으로 타격하는 타격방식에 착안하여 만들어진 용어이다.

공주 수촌리 1호 금동관

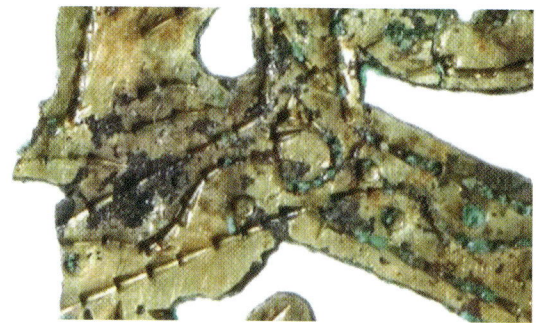
서산 부장리 금동관

고흥 길두리 금동관

화성 요리 금동관

나주 정촌 금동식리

공주 수촌리 3호 금동식리

[사진 5] 백제 한성기 삼각조기법

문양과 문자를 새기기 위해 금속을 깎아내기도 하는데, 이를 조각이라 부른다. 조각에는 선각과 면각이 있다.[15] 조각은 단단한 금속을 더욱

---
15 조각정의 단면이 삼각형이면 선조각, 직선이면 면조각으로 분류된다.

무령왕 동탁은잔

나주 복암리 규두대도

왕흥사 사리외함

미륵사 사리봉안기

미륵사 사리외함(선각 및 타조-魚子)

왕궁리 금제사리함(선각 및 타조-魚子)

[사진 6] 백제 웅진 및 사비기 선각기법

강한 소재로 깎아내는 것이기 때문에 조각 정의 끝은 매우 강하고 날카로워야 한다.

조금 공정에서 정의 끝이 부러지거나 무뎌지는 경우는 드물지만 조각 공정에서는 정의 끝이 부러지는 경우가 상대적으로 빈번하다.

익산 입점리 금동관　　　　　　　　　　　　나주 신촌리 금동관

[사진 7] 백제 한성 및 웅진기 타출기법

　　　이와는 달리 금속판의 표면과 이면에서 타격하여 문양을 돌출시키는 타출기법도 있다. 통상 이면타출이 중심을 이룬다. 이 기법을 구사할 때 금속판이 찢어질 수도 있으므로 정끝을 날카롭게 만들지는 않는다. 나무판이나 감탕 등에 고정하여 점열, ∩, ∞, 어자문(魚子文) 등 여러 문양을 타출로 표현하게 된다.

　　　한성기 금공품에는 주로 타조, 타출 기법이 활용되었다. 현재까지 출토된 금동관과 금동식리의 문양은 주로 삼각조로 표현되었다. 신라 금관이나 금제관식에도 삼각조가 활용되었지만 백제의 그것과는 다소 차이가 있다.

　　　백제의 삼각조는 매우 조밀하여 확대 사진을 통해 관찰하지 않으면 선조와 구분하기 어려울 정도로 정밀하다. 이와는 달리 신라의 삼각조는 점조처럼 단위 문양 사이의 간격을 일정하게 유지하는 경우가 많고, 겹쳐 있다 하더라도 삼각형의 외형이 남도록 시문하곤 한다. 이 것은 문양을 세기는 작업자의 작업방식이 크게 다르다는 것을 의미한다. 신라 황남대총 남분에서 출토된 장식대도[16]의 손잡이 부분에는 타출기법이 구사되어 있는데 신라에서는 타조나 조각보다 타출기법이 이른 시기부터 사용

16　文化財管理局 文化財硏究所, 1993, 『皇南大塚 南墳 發掘調査報告書(圖面,圖版)』.
　　文化財管理局 文化財硏究所, 1994, 『皇南大塚 南墳 發掘調査報告書(本文)』.

황남대총 북분 금관(타조-삼각조)

천마총 금관(타조-삼각조)

금령총 금관(타출-점조)

의성 학미리 장식대도(타출-C)

[사진 8] 신라 금공품의 조금기법

되었음을 알 수 있다.

가야를 대표하는 관인 고령 지산동32호분 금동관[17]은 외형으로 보면 가야양식을 발현한 것이지만 조금기법은 백제적인 요소를 갖추고 있다. 정의 단위가 매우 조밀하여 육안으로 보면 선각과 같은 느낌이다. 하지만 확대해서 관찰하면 삼각형 정을 연속으로 타조하여 제작하였음을 알 수 있다. 이는 전형적인 백제 조금기법에 가깝다. 전 고령 금관과 합천 반계제 금동관의 점조기법도 정의 모양은 다르지만 삼각조기법과 같이 연속점무늬를 이용해 문양을 표현하였다. 다만 점조기법의 경우 정의 무늬가 한점씩 도드라지며 이것이 이어져 문양이 표현되기 때문에 각 국가

....
17 김종철, 1981, 『고령 지산동고분군 32~35호분·주변석곽묘』 계명대학교박물관.

전 고령 금관(타조-점조)

고령 지산동 32호(타조-삼각조)

합천 옥전 23호 금동편(삼각조)

합천 반계제 금동관(점조)

[사진 8] 가야 금공품의 조금기법1

별 차이를 구별하기 어렵다.

  합천 옥전M3호분 장식대도[18]의 경우 문양을 조금할 때 선조 기법이 구사되어 있으며 이와 같은 기법은 대가야의 여타 대도에서도 확인된다.[19] 대가야의 철지금은장 장식대도는 가야를 대표하는 제작기술이 녹아있다. 바탕인 철에 얇은 금이나 은박을 붙이는 기술이다. 이런 형식을 제작하는 단계에서는 조금기법도 기존에 보이지 않던 선조기법이 관찰된다. 금동관과 같은 위세품에서는 백제적인 삼각조기법과 삼국시대 보편적으로 많이 활용된 점조기법이 함께 보이지만, 철지금은장 장식대도

----

18 趙榮濟·朴升圭, 1990, 『陝川 玉田古墳群Ⅱ-M3號墳-』 慶尙大學校博物館.
19 경주 호우총 장식대도는 환두 제작기법이 가야적이고 병연금구에 선조기법이 구사되어 있어 대가야 제작품일 가능성이 있다.

합천 옥전 M3호 금은장 주룡문대도 병부

합천 옥전 M3호 금은장 쌍용문대도 금구

창녕 교동 11호 금은장 용봉문대도 금구

합천 옥전 M3호 금은장 두추대도 병부

경주 호우총 금은장 단봉문대도 병연금구 1

경주 호우총 금은장 단봉문대도 병연금구 2

[사진 9] 가야 금공품의 조금기법2(선조기법)

에서는 정의 단면을 장방형으로 가공하여 연속 타조를 통해 문양을 표현하였다. 이러한 조금기법은 이전시기의 상감대도나 금관 등에서는 보이지 않던 가야의 새로운 조금기법이라 할 수 있다. 한편, 경주 호우총에서도 대가야를 대표하는 금은장기법의 장식대도가 출토된바 있다. 환두의

[표 2] 백제 시기별 조금기법

시기	유적명	유구명	유물명	재질	문양	조금기법
한성기	수촌리고분	1호분	금동관	금동	용, 구름, 화염	打彫-三角彫
			금동식리	금동	凸, 사격(斜格)	타조-삼각조
		3호분	금동식리	금동	凸자,▽형,곡옥형, 용,연화	타조-삼각조
		4호분	금동관	금동	용, 운, 화염	타조-삼각조
			금동식리	금동	용, ▽형, 파상	타조-삼각조
	부장리고분	5-1호분	금동관	금동	귀갑,용봉, 운, 화염	타조-삼각조
	나주 정촌고분	1호분	금동식리	금동	귀갑,용봉,연화	타조-삼각조
	입점리고분	1호분	금동관	금동	봉황,연화	타출, 타조-점조
			금동식리	금동	사격자,삼엽화	타출, 타조-점조
웅진기	신촌리고분	9호분 을관	금동관	금동	연화	타출
			금동식리	금동	사격자, 사엽화	타출
	송산리고분	무령왕릉	동탁은잔	금, 은, 청동	연화, 용봉, 산, 수목	선각
			금제뒤꽂이	금	새, 화, 인동당초	타출
	복암리고분	3호96석실	금동식리	금동	귀갑,사엽화	타출, 타조-점조
사비기	부소산성		금동광배	금동	연화, 인동당초	타조-점조,선조, 타출
	왕흥사지		사리외함	청동	문자	선각
	미륵사지 사리외함		사리봉안기	금	문자	선각
			금동	당초, 연화, 어자	선각, 타조-어자,선조

용머리 장식 등은 정밀주조하여 환내에 별도로 결합한 점, 병연금구의 구성과 선조기법 등은 합천 옥전고분 출토품과 같이 대가야대도에서 보여지는 전형적인 제작기술이다.

웅진기를 대표하는 금공품 중 하나인 무령왕릉 동탁은잔[20]에는 선각으로 표현된 문양이 있다. 이와 같은 기법은 한성기 금공품에서는 보이지 않아 새로운 요소로 볼 수 있다. 선각기법은 고구려에서 전형적인 사례가 확인된다. 진파리7호분에서 출토된 금동제 투조판[21]에는 선각으로

---

[20] 文化財管理局, 1973, 『武寧王陵 發掘調査報告書』.
周炅美, 2006, 「武寧王陵 출토 銅托銀盞 연구」, 『武寧王陵 出土遺物 分析報告書(Ⅱ)』, 국립공주박물관.

[21] 이 유물은 고구려의 금속제 관 조각으로 보는 견해도 있지만 베게의 마구리 장식으로 보는 견해가 일반적이다.
이 유물은 문양의 도안이나 투조, 조금기술의 숙련도가 정점에 올라있는 것이다. 이 정도로 기술적 완성도가 높은 유물은 주변지역에서도 쉽게 찾아볼 수 없는 것이어서 비록 출토량이 많지 않지만, 고구려의 금공기술의 수준을 짐작할 수 있는 뛰어난 작품이다.

정교하게 표현된 용과 봉황, 삼족오, 구름 등의 무늬가 남아 있다. 선각기법은 사비기 이후 백제에서도 널리 활용되었다. 왕흥사지와 미륵사지 사리기의 명문, 문양이 대표적 사례이다.

　　이상에서 각 국가별 조금기법을 비교해보면 백제 한성기에는 삼각조, 웅진기에는 타출과 선각, 사비기는 선각기법이 대표적이다. 신라에서는 삼각조기법이 활용되었지만 백제의 기법과는 차이가 확연하고 주변국과 비교했을 때 타출기법이 많이 활용되었다. 가야의 금동관에서는 백제적인 삼각조기법이 관찰되지만 가야적인 제작기술이 녹아있는 철지금은장 장식대도를 통해보면 가야의 조금기술은 선조기법이 대표적인 것이라 할 수 있다. 고구려는 진파리 금동투조문장식을 보면 선각이 발달하였음을 알 수 있다. 정교한 문양, 한치의 틀어짐이 없는 조각기법은 주변국의 조금기법과 큰 수준차이를 보여주고 있다. 이러한 기술을 구사하기 위해서는 수많은 조각품을 제작한 경험이 뒷받침되어야하고 이런 경험은 사회적수요가 있어야만 가능한 것이기에 고구려의 문화적 차이를 짐작해볼 수 있는 것이다. 점조기법은 삼국시대 각국 금공품에서 모두 확인되는 것으로 나라별 특색을 찾기 어렵다. 각 나라별, 시기별로 조금기법의 정조(精粗)에 차이가 있지만 다양한 시행착오와 기술 교류를 통해 금공기술의 수준이 점차 높아진 것으로 볼 수 있다.

평양 진파리 금동투조문장식(선각)

평남 호남리 사신총 금동과대(점조)

[사진 10] 고구려 금공품의 조금기법

III. 외형제작기술

1. 성형기법

금속 성형기법은 판금성형(板金成形)과 선금성형(線金成形)으로 구분해볼 수 있다. 전자는 금속이 늘어나고 줄어드는 성질을 이용해 판재를 입체적인 형태로 가공하는 기술을 말한다. 이 기법의 종류로는 말아붙이기, 각도올리기 및 내리기, 각접기, 파이프 만들기[22] 등이 있다. 판을 두드려 여러 형태로 만들어내는 기술을 일본에서는 단금(鍛金)기법이라 한다.[23]

판금기법은 금동관과 금동식리 등 입체적인 형태를 표현하기 위해 사용된다. 특히 금동관의 복륜과 수발, 금동식리의 측판 아래쪽 외연부를 각지게 표현하기 위해서는 더욱 숙련된 기술을 요한다. 백제 금동관에는 모두 양측판을 하나로 결합시켜 주는 금동제 복륜(覆輪)이 있다. 백제 금동관 가운데 상대적으로 이른 시기로 편년[24]되고 있는 공주 수촌리1호분 출토품을 시작으로 나주 신촌리9호분 을관 출토품[25]에 이르기까지 복륜 기술은 지속적으로 사용된다.

---

22 전용일, 2006, 『금속공예기법』, 미술문화, pp.156~175.

23 香取正彦·井尾敏雄·井伏圭介, 1986, 『金工の伝統技法』, 理工学社.

24 공주 수촌리1호분의 대해 연구자간에 다소 시기 차이가 있지만 가장 빠르게 보는 것이 4C 중반이고 가장 늦은 시기로 보는 것이 5C 초이기 때문에 백제 금동관 중에서는 가장 이른 단계의 유물로 평가되고 있다(李南奭, 2008, 「百濟의 冠帽·冠飾과 地方統治體制」『韓國史學報』33, 高麗史學會; 朴淳發, 2005, 「公州 水村里古墳群 출토 中國瓷器와 交叉年代問題」『忠淸學과 忠淸文化』4, 忠淸南道 歷史文化院; 이훈, 2011, 「金銅冠을 통해 본 4~5세기 百濟의 地方統治」, 공주대학교 박사학위논문; 李貴永, 2011, 「百濟 金屬工藝技術史 硏究」, 高麗大學校 博士學位論文; 成正鏞, 2010, 「백제 관련 연대결정자료와 연대관」『湖西考古學』22, 湖西考古學會).

25 朝鮮總督府, 1920, 『大正六年度古蹟調査報告』.
國立光州博物館, 1988, 『羅州 潘南古墳群 綜合調査報告書』.

한편 신라의 경우 이른 시기로 편년되는 황남대총 남분의 관모에서는 양측판을 중앙에서 땜질로 결합하여 복륜 제작을 위한 판금기법이 관찰되지 않는다. 이후 금관총과 천마총에서 관모 상단 일부에 복륜이 적용되었다. 복륜을 씌우는 이유는 여러 가지가 있을 수 있겠으나 얇은 금속판의 날카로운 단면을 가리고 외연을 부드럽게 만드는 것도 그 이유 가운데 하나일 것이다. 이러한 기법은 삼국시대의 판금기법으로 제작된 갑주에서도 확인되는 기술인데, 백제 금동관을 제작하기 위한 새로운 기술로 볼 수 있다.[26] 비슷한 시기의 신라와 고구려에서 금속제 장신구를 제작할 때 복륜기법이 활용되는 사례는 적다. 다만 황남대총 남분 출토 옥충투조 안교에서 볼 수 있듯이 마구 장식에는 복륜기법이 흔히 사용되고 있다.

선금기법은 철을 단조하여 제작하는 환두대도나 농기구와 달리 비철금속을 단금하여 제작할 때 사용되는 기법이다. 비철금속은 철과는 성질이 달라 고온에서 두드려 붙이는 단접기술이 적용되지 않는다. 따라서 도가니에서 녹인 비철을 틀에 부어 만든 덩어리를 두드려 가늘고 긴 모양으로 만드는 기술에서 출발한 것이다. 이를 延性이라 하고 판상으로 넓

입점리 금동관 수발과 복륜 장식(판금)

수촌리 1호 금동식리 사면정(선금)

[사진 11] 백제 금공품의 판금·선금기법

---

26 삼국시대 판갑의 복륜기법은 가죽으로 감싸는 방식에서 철판으로 감싸는 방식으로 변화하였다. 宋桂鉉, 1989, 「三國時代 鐵製甲冑의 硏究-嶺南地域 出土品을 中心으로-」, 경북대학교 석사학위논문.

게 퍼지는 성질을 전성이라 한다.[27] 금동관, 금동식리의 결합에 사용되는 금동사, 원두정, 금동식리의 저면정(底面釘, 四面釘) 제작기술이 여기에 해당한다. 5세기 무렵 이 기술은 백제 뿐만 아니라 각국에서 널리 사용되었다.

2. 도금기법

도금이란 금속의 외면에 금을 입히는 작업을 말한다. 금의 사용량을 줄이면서도 금빛 찬연한 효과를 노리기 위한 측면도 있고 금 색조와 다른 금속의 색채 대비를 꾀하기 위한 목적도 있다. 한성기 백제의 도금자료는 대부분 금동제품이다. 금동이란 동지에 금을 입힌 것인데 자연과학적 분석결과 수은이 검출되는 것으로 보아 아말감도금 기법이 적용된 것으로 볼 수 있다.

아말감도금은 금가루와 수은을 혼합하여 섞은 후 한지나 천으로 싸서 짜내면 수은은 미세한 공극사이로 빠져나오고 내부에 금-수은 혼합물이 잔류하는데, 이것을 아말감이라 한다. 이 아말감을 동소지에 바르고 열을 가하면 356℃이상에서 표면의 수은은 기화되고 금+수은+동이 합금되어 도금이 이루어진다.

금은 자연에서 다양한 형태로 존재한다. 현재까지 밝혀진 금을 주성분으로 하는 광물은 28종류가 있다.[28] 자연금은 순수한 금으로 존재하지는 않고 모두 은, 수은, 동, 납, 주석 등이 포함된 합금상태로 존재한다. 환원상태의 금 속에는 은의 합금비율이 가장 높다. 일반적으로 자연에서 금은 석영광맥에 포함되어 있는 경우가 가장 많고 다른 형태로도 존재한

---

27 香取正彦·井尾敏雄·井伏圭介, 1986, 앞 책, p.3-1.
28 松原聰, 2009, 「金を含む鉱物と化学組成」, 『金GOLD黄金の国ジパング』, 国立科学博物館, p.78.

다. 금광맥이 풍화과정을 거친 것이 하천을 따라 강에 이르기까지 침적되어 있는데, 이를 사금이라 부른다. 사금 중에서도 무게를 기준으로 10g 이상(평균입자 직경은 1cm 이상)되는 것은 금괴로 분류된다. 순금의 비중은 19.5이지만 사금은 은 등이 포함되어 있어 평균 17.5 정도의 비중을 가진다.[29]

공주 수촌리1호분과 4호분, 천안 용원리9호분, 익산 입점리1호분, 나주 신촌리9호분 을관 출토품과 합천 옥전 23호분 출토품에 대해 비파괴분석을 실시한 결과,[30] 백제 유적 출토품에서는 도금층의 금성분 평균 함량이 98.29~99.25%로 확인되었고, 옥전23호분 출토품에서는 금성분 평균함량이 95.59%, 순은 1~8% 내외로 조사되어 다소 차이를 보이고 있다. 이것이 제작지의 차이인지 혹은 금공품의 위계 차이인지 분명하지는 않다. 공주 수촌리1호분과 4호분 금동식리에 대한 자연과학적 분석결과[31] 은의 성분이 0.51~14.30%로 조사되었는데, 구리와 수은 성분을 제외하면 은의 함량은 더욱 높았을 것으로 보인다. 특히 공주 수촌리4호분 출토품의 경우, 1호분 출토품에 비해 상대적으로 은의 함량이 높게 나왔다. 나주 정촌고분 금동식리는 은의 함량이 1% 미만[32]이어서 순도가 매우 높은 금을 사용하였음을 알 수 있다.

현재까지 발굴된 백제의 금 정련 및 도금과 관련된 유적으로는 익산 왕궁리유적 공방지가 있다. 여기서는 다양한 금 소재와 도가니 등이 출토되었다.

....

29 松原聰, 2009, 「日本の砂金と金塊」, 『金GOLD黃金の国ジパング』, 国立科学博物館, pp.92~93.

30 김성곤·최기은·이지현, 2011, 「비파괴 분석을 통한 백제 금동관의 재질 특성」, 『百濟의 冠』, 국립공주박물관, pp.132~141.

31 조남철·정영상·손재은, 2007, 「공주 수촌리유적 출토 금속유물의 과학적 조사」, 『公州 水村里 遺蹟』, 忠淸南道 歷史文化硏究院, pp.602~614.

32 이혜연, 2018, 「나주 정촌고분 출토 금속의 과학적 분석」, 『羅州 伏岩里 丁村古墳』, 국립나주문화재연구소, pp.599~601.

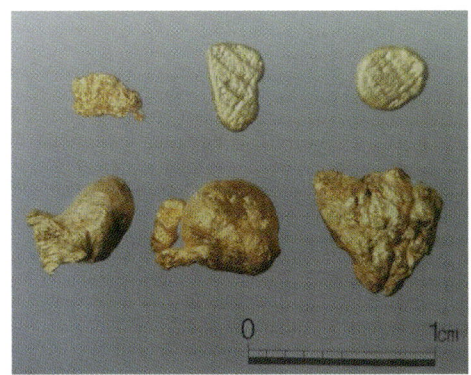
왕궁리 공방지 출토 사금

왕궁리 공방지 출토 자연금

석영내 검은띠(금-은 엘렉트럼)

왕궁리 금도가니

일본 아스카이케 공방군 금은도가니와 금소재

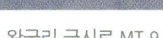
왕궁리 금시료 MT 9

왕궁리 금시료 MT 10

왕궁리 금시료 MT 7

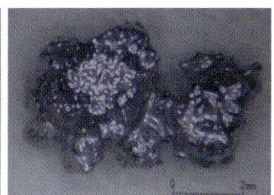
왕궁리 금시료 MT 11

[사진 12] 금제품 공방에서 출토된 다양한 유물

    금 정련과 관련해 주목되는 유물은 금 도가니와 중간소재 등인데, 금 도가니는 정련된 금을 녹이는 용도로 사용되었음이 확인되었고 동 도가니에서는 동, 아연, 주석, 납 등의 성분이 검출되었다. 분석시편 중 MT-5, MT-9, MT12-03에서는 납-금-은의 합금된 소재가 확인되었다.[33]

---

33 한송이, 2006, 「왕궁리유적 출토 금제품의 제작기법 분석」, 『왕궁의 공예 I』, 국립부여문화재연

이는 금의 정련방법인 회취법(灰吹法)[34]과 관련된 소재일 가능성이 높다.

이외에도 왕궁리 공방유적에서는 사금, 금괴, 석영 속에 포함되었던 금괴 등이 함께 출토되는 등 자연 상태에서 환원된 황금빛 금소재가 다양하게 출토되었다. 여기에는 사금뿐만 아니라 석영결정의 문양이 나타나 있는 금소재도 포함되어 있어 금광산 광맥에서 금을 채취하는 공정이 진행되었음을 보여주고 있다. 그러나 석영 내 검은 띠(금-은 엘렉트럼)가 형성된 금광석은 발견되지 않아 산화물 상태의 금을 제련하는 기술은 확인되지 않았다. 이것은 사금채취 단계를 넘어 금광산을 찾아 광맥을 따라 금을 채취하는 초기 단계의 금채광이 이루어졌음을 보여주는 것이다. 또한 왕궁리 공방지에서는 도금 소재인 아말감도 출토되었다. 분석시편 중 MT-6~7, MT-11번이 여기에 해당하는데, 수은과 금이 혼합된 아말감은 1400여년이 지났지만, 요즘 만들어진 아말감과 같은 모습이었다. 한성기 백제의 금공품에는 이와 같은 고난도의 도금기술이 구현되었음을 확인할 수 있는데, 모두 아말감도금기법으로 제작되었다.

3. 조립기법

금공품 제작공정에서 조립은 마지막 혹은 그에 가까운 단계에 이루어지는 공정이다. 조립에 사용되는 부품은 모두 선금기법으로 제작된 금동사와 금동정이다. 일정한 두께로 얇게 제작하기 위해서는 단면 정사각

구소, p.219.

[34] 금의 정련방법으로 지중해지역과 서아시아에서는 적어도 기원전 2000년경부터 금·은과 친화력이 높은 납을 이용해 금의 순도를 높이는 회취법이 사용되었다. 이 기술은 도가니 바닥에 숯(재)을 깔고 납의 합금을 이용해 융점이 낮아진 합금을 바닥에 가라앉히는 방법과 공극이 많은 응회암 재질로 도가니를 제작해 도가니 공극 사이로 스며들게 하여 금을 정련하는 방법 등이 알려져 있다.
村上 隆, 2009, 「古代日本における金」, 『金GOLD黄金の国ジパング』, 国立科学博物館, pp.14~20.

형의 형태를 유지하면서 각면을 쇠망치로 두드리면 동 소재는 계속 얇아지게 된다. 하지만 단조과정에서 단면이 마름모꼴이 되면 넓게 펴지기 때문에 가장자리를 두드려 둥글게 만들고 재차 단면이 각지게 조정해야 얇은 선을 만들 수 있다.

선금기법으로 만들어진 동선(銅線)을 망치질로 얇고 길게 늘이는 것은 한계가 있다. 대략 2mm 이하의 금속제 선을 만들기 위해서는 철판에 구멍을 뚫어 큰 구멍에서 얇은 구멍으로 통과시켜 선을 뽑아내는 인발기법이 활용된다. 이 기법을 이용해 금속제 선을 제작하게 되고 여기서 제작된 선이 금동관이나 금동식리의 조립에 활용된다.[35]

공주 수촌리1호분 출토 금동관과 금동식리에 사용된 원두정을 만들기 위해서는 지름 2~3mm의 단면 방형의 동선이 필요하고 그것의 각진 모서리를 두드려 둥글게 만든 다음 길이 1cm 내외[36]의 크기로 자르게 된다. 그 다음 5~6mm 깊이의 구멍이 뚫린 모루에 끼워놓고 망치로 단면의 외연을 가공해 둥글고 넓은 머리를 1차로 완성한다. 그렇지만 외면이 완전한 반구형이 아니기 때문에 열처리 후 재차 단면이 오목한 정으로 두드려 주면 머리 부분이 반구형으로 만들어지게 된다. 이와 같은 못을 만들려면 여러 단계의 공정이 필요하다. 원두정은 결합을 위한 부속으로 사용되고 사면정은 금동식리의 저면에 장식된다. 갑주 연구의 성과에서도 알 수 있듯이 원두정은 한반도에서 새롭게 금속을 결합하는 기술로 제작·사용된 것이었고, 이러한 기술이 왜로 전달되어 금공문화의 혁신을 불러온 것으로 평가[37]되고 있다.

백제 금동관은 모두 원두정을 활용해 각판을 결합하였다. 금동식리도 원두정을 이용하여 발등과 뒤축에서 대부분 조립을 하였지만, 고흥 길

---

35 상감에 활용되는 선은 통상의 선보다 훨씬 더 가늘게 만든다.
36 금동관, 금동식리 등은 유물의 종류가 다양하고 시기 차이가 있기 때문에 두께와 길이 등은 각 유물마다 다소간의 차이가 있을 수밖에 없다.
37 高橋工, 1995, 「東アジアにおける甲冑の系統と日本」, 『日本考古學』2, 日本考古学協會, p.156.

두리 안동고분 출토품의 경우 금동사를 이용하여 각판을 결합하였다. 신라나 가야 등 주변국에서도 관이나 식리의 결합에 원두정을 많이 사용하였다. 신라의 경우 황남대총, 금관총, 금령총, 천마총 출토 금관의 입식과 대륜은 모두 원두정을 사용하였고, 예외적으로 서봉총 금관이나 금관총

공주 수촌리 1호 금동식리 발등(원두정 결합)

서산 부장리 금동관 대륜부 내면(각접기 결합)

고흥 길두리 금동식리 뒤축(금동사 결합)

무령왕 관식 내면(금사 개별결합)

서봉총 금관 대륜부(원두정 및 금사 동시사용)

옥전 28호 금동관 대륜부(금동사 결합)

[사진 13] 삼국시대 금공품의 조립 사례

관모에는 원두정과 금사가 함께 사용된 경우도 있다. 신라의 금동식리 결합에도 주로 원두정이 활용되었는데 백제와 달리 측판의 양측면에서 결합하였다.[38] 가야의 경우도 대부분의 관을 원두정으로 결합하였지만 전 고령출토 금관(보물 138호)의 경우 입식을 금사로 결합한 사례가 있고, 합천 옥전23호 금동관의 경우 원두정과 금동사를 함께 사용한 경우도 있다.

금동관이나 금동식리와 같은 위세품은 각 부품을 결합하기 위해 원두정을 가장 많이 활용하였고, 간헐적으로 금사를 병행하거나 금사로만 결합한 사례도 확인된다. 판금제 위세품의 제작과 함께 등장한 원두정은 삼국시대 금속제 판으로 구성된 위세품의 외형을 완성하는데, 큰 역할을 하였음을 알 수 있다.

IV. 결론

한성기 백제 금공품에 대한 정밀관찰 결과를 토대로 백제 금공기술의 특징을 추출해보고자 하였으며 그것이 시간의 흐름에 따라 어떤 양상으로 변화되었는지에 대해 살펴보았다.

백제의 금동관은 위계에 따라 문양과 제작기법이 다르다. 공반유물이나 부품의 구성 등으로 보면 용봉문계열의 문양이 위계가 상대적으로 높은 것으로 보이는데 이 경우 투조·조금·타출 또는 투조·조금기법으로 만들어졌다. 그에 비해 초화문계열은 투조기법만으로 제작된 점에서 차이가 있다.

금동관에는 투조기법이 가장 많이 구사되어 있다. 문양의 외곽선을 따라 오려내야 하므로 다양한 모양으로 제작된다. 금속의 투조와 조각기

---

38 이한상, 2010, 「삼국시대 금동식리 문화」, 『고대인의 신』, 복천박물관, p.191.

법을 구현하기 위해서는 반드시 고탄소강의 날카로운 철제도구를 제작할 수 있는 기술이 뒷받침되어야 한다. 대부분 지판에 송곳 등으로 밑그림을 그린 다음 끌로 투조하였다. 투조 작업을 진행한 지판의 두께는 2종류(0.6mm 이하, 0.7mm 이상)가 확인되는 것으로 보아 문양을 정교하게 구현하기 위해 판재의 종류를 달리하여 제작하였음을 알 수 있다. 삼국시대 각국의 판금제 위세품의 제작기술 중 투조기법은 백제와 신라의 경우 확연한 차이를 확인할 수 있다. 이것은 서로 표현하고자 했던 문양의 차이에 따른 것이다. 백제는 사실적인 용봉문, 초화문 등을 표현하고자 밑그림을 그리고 그 문양을 투조하고자 좁은 정을 이용해 문양을 오려 내거나 여러 종류의 끌을 활용해 투조하였다. 한편 신라의 경우 주로 기하학적인 문양이 많아 몇 점의 정을 이용해 반복적인 투조를 하였다.

  조금기법은 각국가간에 비교적 뚜렷한 차이를 보인다. 백제는 금동관이 제작되는 4C 후반부터 무령왕릉 동탁은잔 제작 이전단계까지 삼각조기법으로 문양을 표현하였고, 사비기에는 주로 선각기법이 활용되었음을 확인하였다. 신라의 경우도 삼각조기법이 많이 관찰되지만 백제의 연속삼각조기법과는 차이가 뚜렷하다. 금제대관이나 장식대도의 칼집에는 타출기법이 많이 활용되었다. 동일시기 주변국과 비교했을 때 신라의 판금재 위세품에는 타출기법이 많이 활용되어 신라의 대표적인 조금기법이라 할 수 있겠다. 가야의 경우 冠에는 백제적인 삼각조기법이 관찰되고 삼국시대 일반적으로 유행한 점조기법으로 제작된 것도 보인다. 다만 대가야의 철지금은장 장식대도의 단계에서는 선조기법으로 문양을 표현하여 이것이 가야적인 조금기법이라 할 수 있겠다. 고구려는 진파리 금동투조문장식을 통해볼 때 선각기법이 매우 발달한 곳이다. 이것은 주변국의 조금기법과 비교했을 때 매우 발달된 금공기술을 확보하고 있음을 뜻하는 것이다. 이처럼 조금기법은 다양한 방법이 있고 그 기법은 지역적인 차이가 있음을 확인할 수 있다. 점조기법은 삼국시대 각국 금공품에서 모두 확인되는 것으로 나라별 특색을 찾기 어렵다.

성형기법은 판금성형과 선금성형으로 구분된다. 금동관 등 입체적인 형태를 표현하는 것에는 판금성형기술이 적용되었다. 특히 금동관의 복륜과 수발 등을 표현하기 위해서는 더욱 숙련된 기술을 요한다. 백제 금동관에는 모두 양측판을 하나로 결합시켜 주는 금동제 복륜이 있다. 그에 비해 신라의 경우 황남대총 남분단계에는 장신구의 제작에 복륜기법이 관찰되지 않는다.

　　선금성형기법은 철을 접쇠 단조하여 제작하는 환두대도나 농기구와는 다르게 비철금속을 단금하여 제작하는 기법을 말한다. 비철금속은 철과는 성질이 달라 고온에서 두드려 붙이는 단접기술이 적용되지 않는다. 금동관, 금동식리의 결합에 사용되는 금동사, 원두정, 금동식리의 바닥면 못(四面釘) 제작기술이 여기에 해당한다.

　　금동유물은 동소지 표면에 금을 입혀 제작한 것을 말한다. 백제의 금동유물은 대부분 아말감도금기법으로 제작되었는데, 아말감도금은 금과 수은을 필요로 한다. 자연상태의 금과 수은을 채광해야 제작할 수 있는 것이다.

　　금공품 조립에 사용되는 부품은 모두 선금기법으로 제작된 금동사, 금동정이다. 금동관이나 금동식리 등에 사용되는 원두정을 제작하기 위해서는 여러 공정을 필요로 한다. 원두정은 결합을 위한 부품으로 주로 사용되고, 사면정은 금동식리의 저면을 장식하는데 사용되었다. 금동관이나 금동식리와 같은 위세품의 등장과 함께 원두정을 이용한 결합기법이 폭넓게 활용되었다. 금사를 이용한 결합도 일부 확인이 되지만 소량에 불과하다.

참고문헌

國立慶州博物館, 2016, 『慶州 金冠塚(遺物篇)』
국립나주문화재연구소, 2018, 『羅州 伏岩里 丁村古墳』

國立光州博物館, 1988,『羅州 潘南古墳群 綜合調査報告書』
김종철, 1981,『고령 지산동고분군 32~35호분·주변석곽묘』계명대학교박물관
文化財管理局 文化財研究所, 1974,『天馬塚 發掘調査報告書』
文化財管理局 文化財研究所, 1993,『皇南大塚 南墳 發掘調査報告書(圖面,圖版)』
文化財管理局 文化財研究所, 1994,『皇南大塚 南墳 發掘調査報告書(本文)』
文化財管理局, 1973,『武寧王陵 發掘調査報告書』
林永珍 外, 2015,『高興 吉頭里 雁洞古墳』全南大學校博物館 外
趙榮濟·朴升圭, 1990,『陜川 玉田古墳群Ⅱ-M3號墳-』慶尙大學校博物館
朝鮮總督府, 1920,『大正六年度古蹟調査報告』
忠淸南道 歷史文化硏究院 外, 2007,『公州 水村里遺蹟』
忠淸南道歷史文化硏究院 外, 2008,『瑞山 富長里遺蹟』
국립부여박물관, 2008,『백제의 숨결, 금빛 예술혼 백제의 금속공예』
이난영, 2012,『한국 고대의 금속공예』서울대학교 출판문화원
이건무, 2000,『청동기문화』대원사
이청규 외, 2015,『한국청동기문화개론』진인진
이한상, 2009,『장신구 사여체제로 본 백제의 지방지배』서경문화사
전용일, 2006,『금속공예기법』미술문화
최응천·김연수, 2004,『금속공예』솔출판사
取正彦·井尾敏雄·井伏圭介, 1986,『金工の伝統技法』理工学社
김성곤·최기은·이지현, 2011,「비파괴 분석을 통한 백제 금동관의 재질 특성」,『百濟의 冠』국립공주박물관
朴淳發, 2005,「公州 水村里古墳群 出土 中國瓷器와 交叉年代問題」,『忠淸學과 忠淸文化』4, 忠淸南道 歷史文化院
成正鏞, 2010,「백제 관련 연대결정자료와 연대관」,『湖西考古學』22, 湖西考古學會
宋桂鉉, 1989,「三國時代 鐵製甲冑의 硏究-嶺南地域 出土品을 中心으로-」경북대학교 석사학위논문
李南奭, 2008,「百濟의 冠帽·冠飾과 地方統治體制」,『韓國史學報』33, 高麗史學會
李貴永, 2011,「百濟 金屬工藝技術史 硏究」高麗大學校 博士學位論文
이문형·유수화, 2015,「고창 봉덕리1호분 출토 금동신발의 제작방법과 문양」,『馬韓·百濟文化』25, 圓光大學校 馬韓·百濟文化硏究所
이혜연, 2015,「나주 정촌고분 출토 금동신발의 과학적 분석」국립나주문화재연구소
이 훈, 2010,「金銅冠을 통해 본 4~5世紀 百濟의 地方統治」, 공주대학교 박사학위논문
조남철·정영상·손재은, 2007,「공주 수촌리유적 출토 금속유물의 과학적 조사」,『公州 水村里遺蹟』忠淸南道 歷史文化硏究院
周炅美, 2006,「武寧王陵 출토 銅托銀盞 연구」,『武寧王陵 出土遺物 分析報告書(Ⅱ)』국립공주박물관
한송이, 2006,「왕궁리유적 출토 금제품의 제작기법 분석」,『왕궁의 공예Ⅰ』국립부여

문화재연구소

松原聰, 2009,「金を含む鉱物と化学組成」,『金GOLD黄金の国ジパング』国立科学博物館

村上 隆, 2009,「古代日本における金」,『金GOLD黄金の国ジパング』国立科学博物館

한국문화유산연구원 외, 2018,『화성 요리고분군-화성 향남2지구 동서간선도로내 문화유적 발굴조사보고서-』

「백제 금동관의 금공기술 연구 -주변국 자료와의 비교를 중심으로-」에 대한 토론문

최기은 국립경주박물관

발표문은 백제 금동관 등의 제작기술을 주변국 자료와 비교하여 그 특징을 비교한 연구 자료이다. 발표자는 삼국시대의 각종 금공품을 직접 실견하고, 복원품을 제작하는 등 국내에서는 그 분야에 독보적인 위치를 점하고 있고, 관련 연구 분야에 유용한 실험고고학적 자료를 지속적으로 발표하여 왔다. 발표문은 백제 금공품의 제작기술에 대한 전반적인 내용을 종합하였기에 별 이견이 없다. 그러나 토론자의 의무를 다하기 위하여 평소 백제 금동관 등 금공품의 제작에 있어 의문을 가졌던 부분을 위주로 몇 가지 질의하고자 한다. 그리고 금속공예기법에 대한 용어는 연구자별로 다소 차이가 있는데, 토론에 사용하는 용어는 발표자의 용어 설정에 따르고자 한다.

첫째, 기존 연구 성과에서 도금기법은 발표자의 의견과 동일하게 수은아말감도금을 상정하는 경우가 많지만, 학계 의견 중 수은금박도금을 상정하는 경우도 있다. 그 이유 중 토론자는 삼각조(축조) 등 조금기법으로 홈이 파여진 바탕판에 아말감화된 재료를 바를 경우, 그 홈이 메워져 그 형태가 뚜렷하지 않을 가능성이 많을 것으로 판단한다. 하지만 삼각조 등 조금기법이 적용된 삼국시대 금동유물을 현미경으로 확대 관찰할 경우, 그 홈의 내측 형태가 뚜렷한 형태를 유지하고 있는 경우가 대부분이다. 발표자는 고대 금동제품의 복원에 있어 수은아말감도금 이외에 수은금박도금의 적용 가능성에 대해서는 어떤 판단을 하고 있는지 궁금하다.

둘째, 금공품의 제작기법 중 선금기법의 일종인 금(동)사의 제작과 관련해서 의문이 있다. 물론 금(동)사의 제작 방법 중 인발법은 삼국시대의 금제이식과 같은 금공품에 쓰인 비교적 직경이 굵은 금·은선의 표면 관찰을 통해 보이는 흔적에 근거하여 상정해 볼 수 있는 방법으로, 단조법이 선행된 후, 인발판을 이용하여 제작된 것으로 보고 있다. 하지만 영락을 메달기 위한 두께가 얇은 금(동)사는 인발 흔적이 보이지 않는 경우가 있고, 실물의 고대 인발판으로 추정되는 자료도 출토되지 않고 있다. 토론자는 근래에 고대 금속상감유물의 제작기법을 조사할 수 있는 기회가 있었다.[1] 그 결과, 신라 천마총 출토 금상감대도 등 삼국시대의 선상감에서 기존의 인발법에 의한 상감선 제작이 아닌, 얇은 금판을 잘라 밀대로 밀어 꼬아 만든 상감선을 제작한 사례도 확인되었다(그림 1 참조). 발표

① 대도 사진(전체)

② 꼬은 상감선(확대 사진)　　③ 꼬은 상감선(X-선 사진)　　④ 현대의 상감선 제작[2]

[그림 1] 꼬임기법에 의한 상감선 제작(경주 천마총 출토 철제금상감방두대도 등)[3]

1　崔基殷, 2017, 「製作技法分析からみた百濟象嵌資料の系統とその解釋」, 『文化財と技術』第8号, 工藝文化研究所.
　　朴龍洙, 崔基殷, 2018, 「製作技法으로 살펴 본 慶州 出土 線象嵌資料에 대한 一檢討」, 『新羅文物研究』11.
2　김문정, 변지선, 2008, 『입사장』, 민속원, p.80.
3　朴龍洙, 崔基殷, 2018, 앞의 논문, p.61, 67.

자께서 금(동)사의 재현을 위해 많은 삼국시대 실물 자료를 확인했을 것 같은데, 금(동)사의 제작에 대한 견해를 듣고 싶다.

셋째, 발표자는 백제 금동관 등의 금공품에서 확인되는 조금기법을 타조(打彫), 조각, 타출 기법으로 구분하고 있다. 특히 타조기법의 경우, 백제 금동관이 제작되는 4세기 후반부터 무령왕릉 동탁은잔 제작 이전 단계까지 삼각조기법으로 문양을 표현하였고, 사비기에는 주로 선각기법이 활용되었음을 확인하였다고 밝히고 있다. 이 중에서 무령왕릉 동탁은잔의 경우, 연구자(鈴木 勉)에 따라서는 발표자가 구분한 선각기법이 아닌 선조기법(鈴木 勉은 합인조기법으로 명명함)에 해당된다고 주장하는데[4] 이에 대한 견해가 어떠한지 궁금하다. 그리고 문양 표현 기술에 있어 백제 한성기의 삼각조기법이 웅진·사비기로 넘어가면서 선각기법 등으로 변화하게 되는데, 이에 대한 원인이 무엇인지 생각해 보신 바가 있다면 답변을 부탁드린다.

마지막으로, 발표자는 금동관 등 백제 금공품에 대한 자료를 제작기법이란 측면에서 많이 살펴보았을텐데, 금속공예적인 측면에서 이의 제작 주체(중앙 또는 지방) 및 사여 체제론에 대한 개인적인 생각이 어떠한지 궁금하다.

----
4 鈴木 勉, 2014, 「金工技術から見る南北朝·百濟·倭の交涉」, 『文化財と技術』第6号, 工藝文化硏究所, pp.77~80.

4

금동관을 넘어서:
위세품과 철기의 부장 정형 비교를 통해 본 신라권과 김해·부산지역

하대룡 서울대학교 고고미술사학과 강사

I. 서론

II. 연구 방법과 대상

III. 신라지역의 위세품 체계와 부장품의 구성 정형

   1. 위세품의 착장 정형

   2. 복식군에 따른 부장품 구성

   3. 소결 : 신라의 위세품 체계와 부장 정형

IV. 복천동, 대성동 고분군의 위세품 체계와 철기 부장 양상

   1. 착장형 위세품과 무구, 마구

   2. 철기의 구성

V. 복천동 · 대성동 고분군의 독자적 부장 양상과 그 의미

VI. 결론

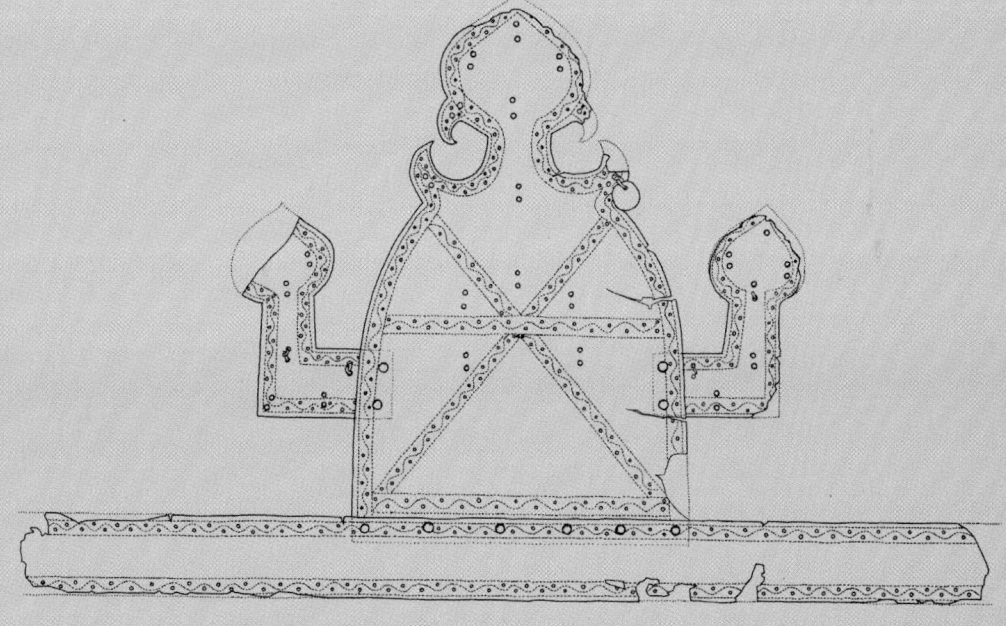

I. 서론

주지하는 바와 같이 금관가야 지역, 즉 낙동강 하구 김해, 부산지역 4~6세기 정치체의 동향에 대한 해석은, 지속적인 조사 자료의 축적에도 불구하고 일부 지점에서 평행선을 달리고 있다. 특히 신라와 관계 측면에 있어서 그러한데, 여러 연구자의 연구사 정리에서 보듯(배효원 2016, 조성원 2019), 처음부터 신라였다는 견해에서부터, 4~5세기의 어느 시점에 편입되었다는 견해, 그리고 6세기 중엽까지도 상당한 독자성을 유지하였다는 견해까지 존재하여 큰 폭의 견해차가 엄존한다. 한마디로 이 지역이 가야인가 신라인가, 언제까지 가야이고 언제부터 신라인가의 문제에 대해 매우 다른 답이 공존하는 셈이다.

이러한 연구의 주된 방법론은 금동관을 비롯한 착장형 위세품, 토기, 마구, 묘제 등 유물과 유구에서 나타나는 양식적 특성의 등장·변화·지속 여부를 정치적 종속 또는 독립의 근거로 판단하는 것이다. 가령 금동관의 경우 지배권의 상징으로써, 유력 재지세력이 신라 중앙으로부터 이를 사여받아 지방에 대한 지배권을 행사한 것으로 보기도 한다(주보돈 1996). 이러한 관점에서는 특정한 유물의 분포 영역이, 해당 유물의 제작과 분배에 관여한 정치체의 영향권을 의미한다고 해석한다. 여기서 더 나아가 토기, 마구, 묘제 등에 대해서도 양식적 속성(또는 제작/축조 기법)을 분별해 내고 그 분포역을 정치체의 영역과 연관시키는 방법론을 사용하는 연구가 다수 제출되었다. 다만, 정치체의 영역과 토기, 마구, 묘제의 분포역이 왜, 어째서 연동하는지 구체적으로 그 기작을 밝히고자 한 연구는 그리 많지 않다.

더 큰 문제는 이미 지적된 바와 같이, 이러한 방법론이 사용된 연구는 시작부터 서로 관점이 다른 방향에서 연구가 진행되어 의견 통일을 보기가 요원하다는 것이다(김두철 2017: 17). 이 지적에서 보듯 분석의 시작 시점부터 특정 양식이 어느 정치체에 귀속된 것으로 판단하느냐에 따라 양식적 해석(따라서 정치적 귀속 여부)에 있어서 해소가 불가능한 견해 차이가 발생한 것이라면, 현재 상황에서 아무리 새로운 자료가 추가된다 하여도 이는 해결이 매우 어려울 것이라 여겨진다. 하지만 해결이 어렵다고 해서 이를 방관할 수는 없는데, 이 문제는 김해, 부산지역이 단순히 신라냐 가야냐를 판단하는 수준의 문제가 아니라, 삼국시대의 국가 형성 과정, 국가형성기 정치체의 성격, 정치체의 성장과 물질문화의 변동 등 한국 고고학에서 그간 제기되어 온 여러 근본적인 질문과 깊이 연관된 문제이기 때문이다.

현재의 접근 방법으로는 이에 대한 해결이 요원한 이상, 지금까지 축적된 연구성과를 토대로 하되 약간 다른 방법론으로 접근할 필요가 있다고 판단된다. 따라서 본 발표에서는 단순히 특정 부장품의 존재 여부만으로 정치적 영역을 판단할 것이 아니라, 부장품이 어떠한 양상으로 구성되며 서로 어떠한 연관을 갖는가, 보다 구체적으로는 조묘자가 부장품을 구성할 때 어떠한 선택을 하였으며, 그러한 선택을 유도한 사회적 배경이 어떠하였는지를 주목하고자 한다.

잘 알려진 바와 같이 무덤의 모든 부장품은 하나하나가 조묘자의 의도에 따라 선택되고 부장된 것으로써 '선별적 속성(selective nature)'을 갖는다(Härke 1997). 따라서 부장품의 전반적인 구성을 살피고 비교하는 것은 조묘자의 선택이라는 구체적 행위에 접근할 수 있는 기회를 제공한다. 다만 조묘자라고 해도 완전히 자의적, 개인적 선택에 의해서 부장품을 구성하지는 아니하고, 피장자의 성격이나 당시의 장례 규범 등 여러 상황과 사회적 규약에 따라 구성할 가능성이 크다. 이러한 점을 주목하여 이른바 '신라화'를 특정한 양식의 부장품 부장 여부뿐만 아니라, 조묘자의 선택을 배후에서 통제하여 부장품 전반의 구성을 결정하게끔 하는 일종의 사회적 규범과 질서의 확산으로 확대 정의한다면, 다른 차원에서 신라화 또는 가야의 지속 여부에 대해 논의할 수 있을 것으로 예상된다.

가령 신라화의 중심지라 할 수 있는 경주지역의 적석목곽묘에서 관찰되는 특정한 부장품의 구성 방식이 존재하고, 그것이 동일한 양상으로 신라의 지방으로 알려진 지역에서 반복적으로 확인된다면, 이는 단순히 특정 양식의 유물이나 위세품이 확산된 것 이상을 의미한다. 조묘자의 선택을 일정 정도 선에서 통제하는 장례 규범이 함께 확산된 것을 의미하며, 나아가 종교관과 세계관, 사회적 구성 원리와 질서, 이념이 신라 중앙으로부터 확산된 것으로도 해석될 수 있기 때문이다.[1]

본고에서는 이러한 장례 규범의 확산, 혹은 존부의 여부를 파악하고자 먼저 경주지역과 그 외 낙동강 이동의 여러 신라 고분의 부장 양상에 대한 검토를 실시하고, 그 결과를 김해·부산지역의 대표 고분군이라 할 수 있는 복천동과 대성동 고분의 것과 비교하는 방식으로 논의를 전개하고자 한다. 이러한 분석의 대상은 여러 종류가 될 것이므로, 금동관은 물론 여러 종류의 착장형 위세품은 물론 여타의 부장품도 포함될 필요가 있다. 장례 규범의 세부적 수행 내용은 지위, 역할, 직능, 성별, 연령 등 피장자의 정체성과 연관될 가능성이 높고, 고총기 고분 자료에서 피장자의 정체성과 가장 직접적으로 연관되어 있다고 판단되는 물질자료는 금동관을 비롯한 착장형 위세품으로 볼 수 있기 때문이다. 문제는 이러한 분석을 위해 필요한 고분 자료의 양이 방대하다는 데 있다. 고총기 고분의 수도 많거니와 개별 고분의 부장품 수도 적게는 수십 점에서 많게는 수천 점에 이르러 분석의 출발점을 잡기 어렵다. 여기서 주목할 것은 무덤의 피장자라고 생각된다. 무덤은 본질적으로 피장자를 위한 시설이고, 반드시 그러한 것은 아니지만 많은 경우 무덤의 여러 측면은 피장자

---

1 다만 주의할 점은 이러한 사회적 규범, 질서, 이념의 확산과, 정치적 지배-종속관계의 확립이 일치할 가능성이 매우 크지만, 반드시 그렇지는 않을 수 있다는 것이다. 국가의 형성 과정에서 이념, 경제, 정치가 밀접하게 연관된 것은 잘 알려진 사실이고, 신라가 고대국가로 성장해 나아가면서 결국 이들이 합치되는 모습을 보여주지만, 본고에서 다루는 범위 내에서 이를 논증하기 위해서는 다른 차원의 논의가 필요하기에 여기에서는 가능성만 언급해 두기로 한다.

의 사회적 지위, 역할, 직능, 성별, 연령 등 피장자의 정체성 여러 측면과 관련되어 있을 가능성이 높다. 그러한 가운데 고총기 고분 자료에서 피장자의 정체성과 가장 직접적으로 관련되어 있는 것으로 여겨지는 물질자료는 역시 금동관을 비롯한 착장형 위세품, 즉 복식으로 볼 수 있다. 여러 선행 연구에서 잘 드러나고 있다시피 관류, 이식, 경식, 대장식구, 장식대도, 팔찌, 지환 등의 착장형 위세품은 그 출토 맥락에서 복식품으로서 착장하였음이 드러나, 그 종류의 많고 적음, 조합관계 등을 토대로 복식제도와 사회적 위계 복원 연구가 진행된 바 있다(이희준 2002). 이러한 연구 성과를 보았을 때, 고총단계 신라 고분의 착장 위세품이 피장자 정체성의 일단을 반영하는 적절한 대리지표(proxy)일 것으로 판단되므로 본고의 분석 출발점으로 선택하였다.

그러므로 본고의 주된 방향은 금동관뿐만 아니라 다른 요소도 다루게 될 것이지만, 종국에는 금동관을 중심으로 한 위세품의 정치·사회적 의미와 그 지역적 차이의 복원에 작게나마 기여할 수 있을 것이다. 이에 따라 본고의 분석은, 먼저 신라화의 근원지라 할 수 있는 경주지역과 기존에 신라 권역으로 알려진 여러 지역의 착장형 위세품 구성상을 비교하고, 거기서 피장자 집단의 정체성이 표현되는 정형성을 파악한다. 그리고 그에 따라서 마구, 무구, 철기류 등 다른 종류의 부장품이 어떻게 구성되는지 검토하고, 이를 경주 이외의 낙동강 이동 지방 고분 자료와 비교하여 신라권을 관통하는 어떤 규범성이 존재하는지 살펴본 다음, 만약 그러한 것이 존재한다면 이를 부장품 구성 방식의 신라화로 파악할 것이다. 그리고 그렇게 정의된 신라화가 김해, 부산지역의 고총기 고분에서 나타나는지, 나타난다면 언제부터 나타나는지 비교, 검토한다면 오래도록 지속된 논쟁에 새로운 관점을 제시할 수 있을 것으로 기대된다.

II. 연구 방법과 대상

본고의 연구 방법에서 출발점은 피장자 정체성의 일단을 반영할 것으로 여겨지는, 금동관을 비롯한 피장자의 착장형 위세품이다. 분석 대상은 착장형 위세품의 정형성 파악을 위해 최소 2점 이상을 착장 또는 부장한 낙동강 이동 지역의 모든 고총기 고분을 대상으로 하였으며, 기본적으로 미도굴분을 대상으로 하되 위세품의 정황이 보존된 것으로 파악되는 경우는 포함시켰다. 최종적으로 136개(경주 67, 강릉 3, 경산 18, 대구 18, 성주 3, 안동 1, 양산 4, 의성 15, 창녕 7기) 고분이 선택되었으며, 이들의 시기적 분포는 황남대총 남분 축조 직전인 황남동 110호 단계에서부터 식리총 단계까지가 절대 다수를 차지한다.

이들의 착장형 위세품과 함께 부장품의 구성 분석을 위해 무구(성시구, 갑주)와 마구(재갈, 등자, 안교, 운주, 행엽)의 출토 여부도 함께 검토하였으며, 분석 대상의 현황과 내역은 〈부표 1〉에서 보는 바와 같다. 무구와 마구를 착장위세품과 함께 검토하는 이유는 직접 신체에 착장하는 위세품은 아니지만, 금, 금동, 은으로 장식되기도 하는 등 위세품적 성격을 강하게 띠기 때문이다. 특히 마구는 삼국사기 雜志에 車騎條가 服色條의 뒤에 이어서 나오고, 각 골품에 따라 사용에 제한을 두고 있는 점에서 볼 때 마구 역시 복식에 버금가는 위세품이었을 가능성이 크다(金斗喆 2011).

이상의 자료를 대상으로 먼저 착장위세품의 구성에 어떤 정형성이 있는지 검토할 것이다. 만약 특정한 정형성이 관찰된다면, 이는 적어도 신라의 위세품 체계의 일단을 반영할 가능성이 크며, 동시에 피장자의 정체성 일단을 반영한다고 보아도 무방할 것이다. 그러므로 위세품을 통해 구분된 정체성에 따라서 무구와 마구의 부장이 어떻게 달라지는지 검토할 것이다. 그리고 위세품이 아닌 일반적인 부장품의 구성 또한 피장자의 정체성 표현에 따라 어떻게 달라지는지 검토할 것인데, 여기에서는 일단 철기를 대상으로 하였다.[2] 철기의 부장 양상 검토는 〈부표 1〉의 고분 중에서 도굴되지 않았고 부장품이 전량 보고된 고분 64기(경주 25, 지방 39기)를 대상으로 하였으며, 철기의 분류는 최근 신라 농공구와 무기의 분류(김재홍 2011; 신동조 2014; 우병철 2014)를 대폭 참조하였다. 이에 따라 무기류/농구류/공구류/의기류/기타로 대별하고, 무기류에 ①대도, ②철촉, ③철모, ④철준, 농구류에 ⑤주조괭이, ⑥쇠삽날, ⑦쇠스랑, ⑧살포, ⑨철서, ⑩철겸, ⑪따비, 공구류에 ⑫단조철부, ⑬철착 또는 철사, ⑭집게, 의기류에 ⑮유자이기 또는 겸형철기, 그리고 기타 분류에 17도자, 18鐵鋌 등 총 19개 단위로 설정하였고, 분석 대상과 자료의 현황은 〈부표 2〉에서 보는 바와 같다.

이상의 자료를 대상으로 경주지역과 그 외 낙동강 이동 지방의 철기 출토 양상을 비교할 것이며 거기서 나타나는 정형성을 찾고, 최종적으로 착장형 위세품의 구성, 무구와 마구의 부장양상, 철기의 부장양상 세 가지 측면에서 신라지역과 김해, 부산 지역의 부장품 구성 양상을 비교할 것이다.

한편 김해, 부산 지역의 자료는 대성동, 복천동, 연산동 고분군에서 취하고자 하였으나, 잘 알려진 대로 극심한 도굴로 인해 양호한 자료를 확보하기 어렵다. 특히 연산동 고분군의 경우 착장형 위세품이 2점 이상 확인된 고분이 없어 사실상 검토가 불가능하였다. 결과적으로 위세품 분석을 위해서는 대성동과 복천동에서 11기가, 철기 분석을 위해서는 복천동 고분군에서 불과 3기가 조건을 만족하였으며, 이들의 시기적 분포는 복천동 10, 11호에서부터 5세기 후반 또는 6세기대 초로 편년되는 고분까지이다. 이처럼 김해, 부산지역의 비교 대상은 소수에 불과하지만, 뒤에서 보는 바와 같이 이들은 매우 특징적인 양상을 보여주어 당시 조묘

---

[2] 토기를 검토 대상에서 제외한 이유는 결론부터 말하자면 위세품의 구성과는 관련이 없는 것으로 드러났기 때문인데, 구체적인 내용은 다른 기회에 다루도록 하겠다.

자의 선택에 있어 공통점과 차이점의 일단을 설명할 수 있었다.

이상의 자료를 대상으로, 본고의 분석은 다음과 같이 진행된다.

① 경주지역 자료의 위세품 구성에서 정형성을 찾아 위세품 체계를 파악한다.

② 위세품 체계에 따라 다른 부장품이 어떻게 구성되는지 파악하며, 이는 1) 무구와 마구, 2) 철기류의 구성 두 가지 측면에서 진행한다.

③ ①, ②에서 확인되는 정형성이 낙동강 이동 지역의 다른 신라 고분에서 반복되는지 확인한다.

④ 만약 확인되는 정형성이 있다면, 이를 조묘자의 선택을 통제한 장례 규범의 확산으로 간주할 수 있을 것이다. 또한 이를 잠정적으로 '신라화'로 정의한다.

⑤ 이상에서 확인된 '신라화'가 대성동, 복천동 고분군에서 나타나는지 동일한 방식을 사용하여 비교 검토한다.

다음 장에서부터 이상의 절차에 따라 분석을 진행하였다.

III. 신라지역의 위세품 체계와 부장품의 구성 정형

앞서 설정한 연구 방법에 따라, 이번 장에서는 신라 지역 고분의 부장품 구성에서 어떠한 정형성이 있는지 살펴본다. 먼저 피장자의 성격과 가장 관련이 깊은 것으로 여겨지는 착장형 위세품에서 시작하여 무구와 마구, 철기의 순으로 진행할 것이며 각 단계마다 지방 고분과의 비교를 행하였다.

1. 위세품의 착장 정형

착장 위세품의 부장에서 어떠한 정형성이 있는지 검토하기 위해서는 현재까지 발굴된 모든 고총기 신라권 고분을 종합할 필요가 있으며, 자료 선택 기준은 앞서 소개한 바와 같다. 분석 대상을 종합한 결과는 〈부표 1〉에서 보는 바와 같으며, 일목요연한 비교를 위해 통계 프로그램을 이용한 순서배열을 사용하였고, 부표의 우측에는 공반한 무구와 마구를 함께 표시하였다.

먼저 착장형 위세품에 대해 살펴보면, 잘 알려진 대로 모든 피장자는 세환이식과 태환이식 둘 중 하나만을 착장하며, 순서배열 결과인 〈부표 1〉에서도 그것이 잘 나타나 상부의 세환이식 착장군과 하부의 태환이식 착장군으로 분리된다. 도굴 등으로 착장 이식이 불분명한 9기를 제외하고 127기에 대한 착장위세품 공반 상황을 경주와 지방으로 분리하여 나타내면 〈표 1〉에서 보는 바와 같다. 여기에서 보는 바와 같이 세환군과 태환군은 서로 상당히 다른 공반 양상을 보이며, 세환이식과 대도가, 태환이식과 중공구 및 경식과 공반율이 높은 것은 물론이고, 착장위세품 별로 전반적인 출토율의 경향성 또한 상당히 유사하다. 특히 세환군에서는 장식대도와 대장식구를 시작으로 해서 지환, 대관, 식리의 출토율까지 비슷한 수준이다. 태환군에서는 지방이 경주보다 전반적으로 낮은 출토율을 보이지만, 전반적인 높낮이에서는 유사한 경향성을 보인다.

이에 대한 검토 결과는 다음과 같이 요약할 수 있다.

첫째, 세환이식 착장군과 태환이식 착장군은 공반 위세품이 크게 달라 구분된다.

세환이식과 태환이식을 제외한 착장형 위세품은 크게 세 가지 공반 양상을 가진다. 첫째는 특정 이식과 배타적으로 공반되는 것으로 세환군의 경우 관식과 관모, 대도가 그러하며, 태환군의 경우 중공구수식이 그러하다. 둘째는 특정 이식과 상당히 강한 공반 경향성을 가지는 것으로, 세환

[표 1] 착장 이식이 분명한 경주지역 적석목곽묘(70기)와 지방 고분(57기)의 복식군 별 착장형 위세품 출토율(%) 및 요약

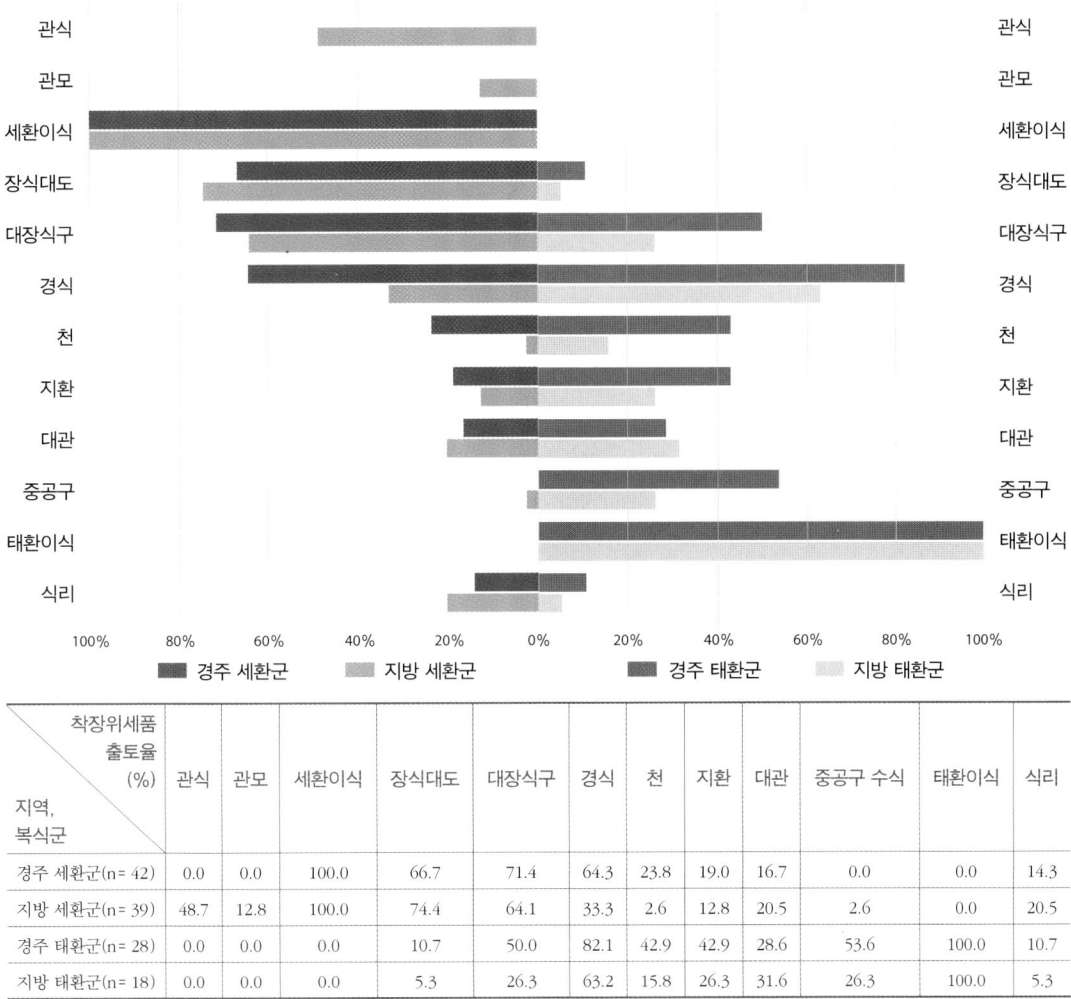

지역, 복식군 \ 착장위세품 출토율(%)	관식	관모	세환이식	장식대도	대장식구	경식	천	지환	대관	중공구 수식	태환이식	식리
경주 세환군(n= 42)	0.0	0.0	100.0	66.7	71.4	64.3	23.8	19.0	16.7	0.0	0.0	14.3
지방 세환군(n= 39)	48.7	12.8	100.0	74.4	64.1	33.3	2.6	12.8	20.5	2.6	0.0	20.5
경주 태환군(n= 28)	0.0	0.0	0.0	10.7	50.0	82.1	42.9	42.9	28.6	53.6	100.0	10.7
지방 태환군(n= 18)	0.0	0.0	0.0	5.3	26.3	63.2	15.8	26.3	31.6	26.3	100.0	5.3

군의 경우 대장식구와 식리의 공반율이 태환군보다 다소 높은 편이고, 태환군은 천, 지환, 대관의 공반율이 세환군보다 높은 편이다. 셋째는 별다른 경향성을 가지지 않고 골고루 공반하는 것으로 경식이다. 이러한 점에서 볼 때 착장형 위세품의 조합상을 결정하는 가장 큰 변수는 서로 배타적으로 부장되며, 각각 별도의 공반유물을 갖기도 하는 이식의 주환 종류로 판단되므로, 이하에서는 각각의 착장군을 세환군과 태환군으로 칭한다.

둘째, 중앙과 지방의 대비이다.

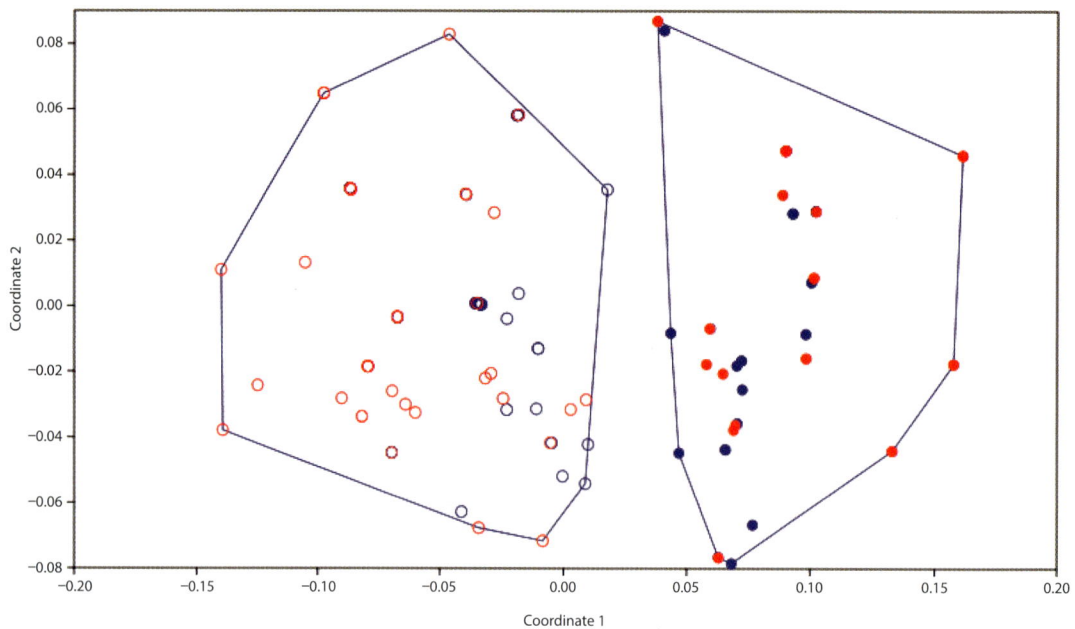

[그림 1] 착장 이식이 분명한 127개 고분의 착장형 위세품 구성의 Jaccard 상수에 의한 MDS 결과(적석목곽묘 70기, 지방 고분 58기. stress: 0.207)
(청색: 경주지역 적석목곽묘, 적색: 지방 고분, ○: 세환이식 착장, ●: 태환이식 착장)

경주의 적석목곽묘와 지방의 비적석목곽묘를 대비해 보면, 착장형 위세품에서 구성상 결정적인 차이는 확인되지 않는다. 다만 확연히 다른 점은 관식과 관모의 착장 여부인데, 경주지역 내에서는 착장 사례가 전혀 확인되지 않지만 지방에서는 다수의 사례가 확인되고 있으며, 이러한 양상은 이미 지적된 바 있다(이희준 2002). 그 외에는 일반적으로 지방의 착장율이 약간씩 낮은 점을 제외하면, 세환군과 태환군으로 양분되는 점, 각각 배타적이거나 강한 경향성을 지니는 공반 위세품을 갖는 점 등이 경주지역과 동일한 양상을 나타낸다.

〈그림 1〉은 착장형 위세품의 공반 관계를 놓고 다차원척도분석을 실시한 결과로, 분석 결과에서는 중앙과 지방의 차이가 드러나지 않고 세환군과 태환군으로 양분되는 것으로 나타난다. 즉 〈표 1〉과 〈그림 1〉을 종합해서 볼 때, 전반적인 착장 경향에서는 공통적인 경향이 더 두드러진

다고 볼 수 있으며, 묘제와 지역의 차이보다는 착장 이식에 의한 차이로 인한 복식 구성의 차이가 더 두드러지고, 이러한 점에서 경주와 지방의 위세품 착장 경향에서 공통성이 높다고 할 수 있다.

이상 신라권의 중앙과 지방 고분에서 나타나는 착장형 위세품의 출토 정형을 살펴본 결과, 관식·관모 착장 등 서로 다른 요소도 존재하였으되, 기본적으로 세환군과 태환군으로 나뉘고 각 군에서 높은 공반율을 보이는 착장형 위세품이 서로 다른 양상은 동일하였다. 이러한 점에서 고총기 신라권의 착장형 위세품은 개인적 취향에 따라 선택되는 단순한 장신구 혹은 위신재를 넘어서는 의미를 가지는 것을 알 수 있다. 그 전반적인 출토 양상에서 일정한 규칙성과 경향성이 확인된다는 것은, 착장자나 조묘자의 개인적 취향이나 선택에 의하여 구성된 것이 아니고, 일정한 착장 규정을 통해서 모종의 정체성을 반영하고 표현하는 상징적 물품이었던 것으로 볼 수 있다. 신라권의 경주와 지방은 공통적으로 다른 종류의 이식을 통해 피장자의 정체성을 표현하였으며, 이식에 따라 서로 배타적으로 부장되는 위세품도 동일하다. 다만 중앙과 지방의 착장 규정이 완전히 일치하지는 않고, 관식과 관모 등 일부 착장 규정에서 차별화를 두었던 점 또한 확인된다.

이러한 점에서 본다면 신라화는 단순히 신라식 위세품의 부장 여부만으로 판단하는 것 보다는 앞서 본 바와 같이 신라식의 착장형 위세품이 의미있게 구성되는 양태, 즉 복식의 구성을 통해 판단하는 것이 적절할 것으로 여겨진다. 그리고 복식에 따라 다른 부장품 또한 차별적으로 구성될 가능성이 큰 만큼 다른 부장품에 대해서도 살펴보도록 한다.

2. 복식군에 따른 부장품 구성

여기에서는 세환군과 태환군의 복식에 따라 무구와 마구, 철기의 구성이 어떻게 달라지는지 살펴본다.

1) 무구와 마구

앞서 착장형 위세품의 구성을 검토한 〈부표 1〉의 고총기 신라권 고분 127기를 대상으로, 복식군과 지역에 따라 나누고 무구와 마구의 출토율을 대별하면 그 결과는 〈그림 2〉에서 보는 바와 같다.

먼저 성시구와 갑주의 출토 양상을 살펴보면 상당히 독특한 양상이 나타난다. 중앙과 지방의 태환군 총 46기 중에서 성시구와 갑주가 출토된 사례는 극히 희소하여 황남대총 북분과 금관총에서 성시구가, 갑주는 금관총에서만 확인되고,[3] 지방 고분에서 출토 사례는 전무하다. 이러한 점에서, 태환군의 고분에는 기본적으로 성시구와 갑주, 등자를 부장하지 않는 것으로 이해된다. 다만 고총기 신라 고분에서 황남대총 북분과 금관총의 위치를 생각해 볼 때, 태환군에 성시구와 갑주가 부장되는 것은 아마도 최상층의 고분에서 예외적으로 나타나는 현상으로 여겨진다.

마구의 경우 재갈, 안교, 운주, 행엽은 대체로 태환이식의 출토율이 더 낮은 편이지만 완전한 부장양상의 차별화는 보이지 않는다. 다만 등자의 경우 성시구, 갑주와 마찬가지로 차별적으로 부장하였는데, 세환군에서는 70%에 가까운 부장율을 보이지만, 태환군에서는 중앙과 지방 46기 중 4기에만 부장하여 10% 미만의 부장율을 보인다. 등자가 부장된 태환군은 경주의 황남대총 북분, 금관총, 인왕동 20호 등 3개 사례, 지방에서는 달성 55호 단 하나의 사례뿐으로 그 외의 태환군 분묘에서는 등자를 부장하지 않았다. 달성 55호는 지방에서는 극히 드물게 금은제 용기가 부장되고, 미착장 상태이지만 관모와 관식, 대관이 동시 부장된 고분이다. 즉 착장형 위세품과 부장 내용으로 보아 지방의 고분 중 최상위 위계라 보아도 손색이 없으며, 경주에서 태환군의 성시구, 갑주, 등자의 부장

---

[3] 잘 알려진 바와 같이 금관총은 비전문가에 의해 유물이 수습되어, 착장 이식의 존재 여부와 종류에 논란이 있다(尹相悳 2016). 여기에서는 최근 금관총 재보고에서 당대 기록을 정리·검토한 바에 따라(金大煥 2016), 일단 태환이식으로 두었으나 태환이식이 아닐 가능성을 해석 단계에서 고려하였다.

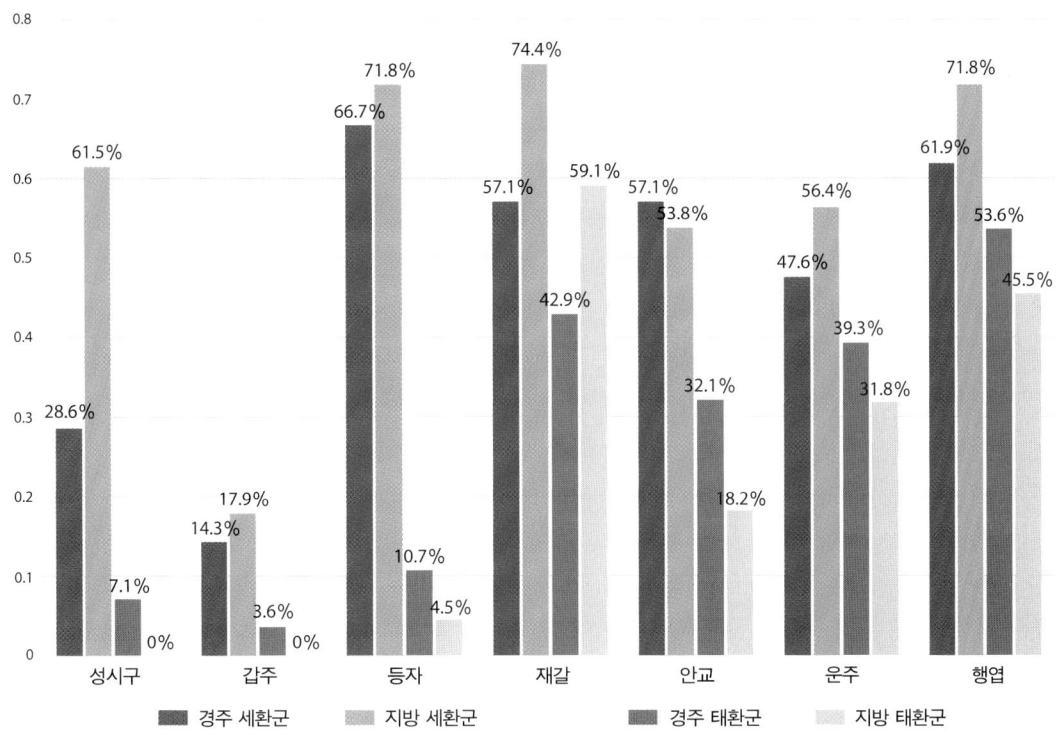

[그림 2] 경주지역 고분과(70기, 세환군 42, 태환군 28)와 지방 고분(57기, 세환군 39, 태환군 18)의 복식군 별 무구·마구 출토율 비교

이 최상위 위계 고분을 중심으로 나타난다는 점에서, 동일한 맥락의 예외적 부장, 즉 최상위 위계 고분의 예외적 부장이 나타난 것으로 해석된다.

요컨대 무구와 마구의 부장에서는 종류에 따라서 경주와 지방 간에 출토율에 높낮이가 다른 점이 있지만, 태환군에 기본적으로 성시구와 갑주, 등자를 부장하지 않는 점은 공통적이며, 이는 복식을 중심으로 한 부장 방식의 공유를 전제하지 않고서는 나타날 수 없는 현상이다. 황남대총, 금관총 등에서 나타나는 일부 예외적인 부장은 최상위 위계 고분에서 나타나는 특수한 사례로 여겨지며, 이러한 예외 또한 달성 55호에서 보듯이 경주와 지방이 공통적이라고 볼 수 있다. 이는 결국 같은 부장품의 선택 방식을 공유하지 않고서는 나타나기 어려운 양상으로 보인다.

2) 철기

다음으로 세환군과 태환군의 철기 부장 양상을 비교한다. 각 기물별 출토율과 출토 수량에 따른 주성분 분석 결과를 비교할 것인데, 전자는 부장 여부를, 후자는 부장 수량과 전반적인 구성을 비교하는 수단이 된다.

먼저 경주와 지방의 착장 이식에 따른 철기 출토율을 비교하면 〈표 2〉에서 보는 바와 같으며, 전반적인 출토율이 세환군에서 높고 태환군에서 낮으며, 복식군에 따라 중앙과 지방이 서로 유사한 출토율을 보여준다. 철촉, 도자, 단조철부, 철겸의 경우, 특히 세환군에서 사실상 동일한 출토율을 보인다. 하지만 유자이기와 겸형철기, 대도와 철모의 경우 지방고분의 부장율이 크게 낮고, 철모에서는 오히려 높아 마치 유자이기의 결여를 보충하려는 듯한 양상이다. 철정은 지방이 경주지역에 비해 출토율이 크게 낮고 개별 사례 내에서 수량이 소수에 불과하다. 그 외 농구류의 출토 비율은 지방 고분에서 낮은 편으로 나타나는데, 태환군에서 주조괭이, 철서, 쇠스랑은 출토사례가 없고, 쇠삽날과 살포만 확인된다. 이는 농구류가 경주지역에서도 특히 상위계층 분묘에 집중되기에 나타나는 현상으로 이해된다. 즉 기물에 따라 그리고 피장자의 계층에 따라 출토율에 차이가 있지만, 세환군과 태환군의 차별적 출토율은 대체로 중앙과 지방에서 동일하게 반복되는 것을 볼 수 있다.

다음으로 단순 부장 여부를 넘어서서 부장 수량과 구성을 비교할 수 있는 주성분 분석 결과는 〈표 3〉에서 보는 바와 같다. 이에 대해 해석하면, 주성분 1에 가장 기여하고 있는 것은 철촉과 철모이며, 주성분 2에는 도자인 점을 알 수 있다(〈표 3〉의 ①). 즉 〈표 3〉을 살펴보면 분석 대상 신라 고분의 철기는 수량적인 측면에서 대부분 철촉과 철모, 도자로 구성되며, 대체로 이를 토대로 해당 도표가 작성되었다는 점을 알 수 있다. 도표에서 보다시피 절대다수의 태환군은 좌측(2, 3사분면)에 몰려있으며, 유일하게 1사분면에 있는 두 기의 무덤은 서봉총과 황남대총 북분이다. 즉

[표 2] 경주(n=25)와 지방(n=39)의 복식군 별 철기 출토율(%) 비교

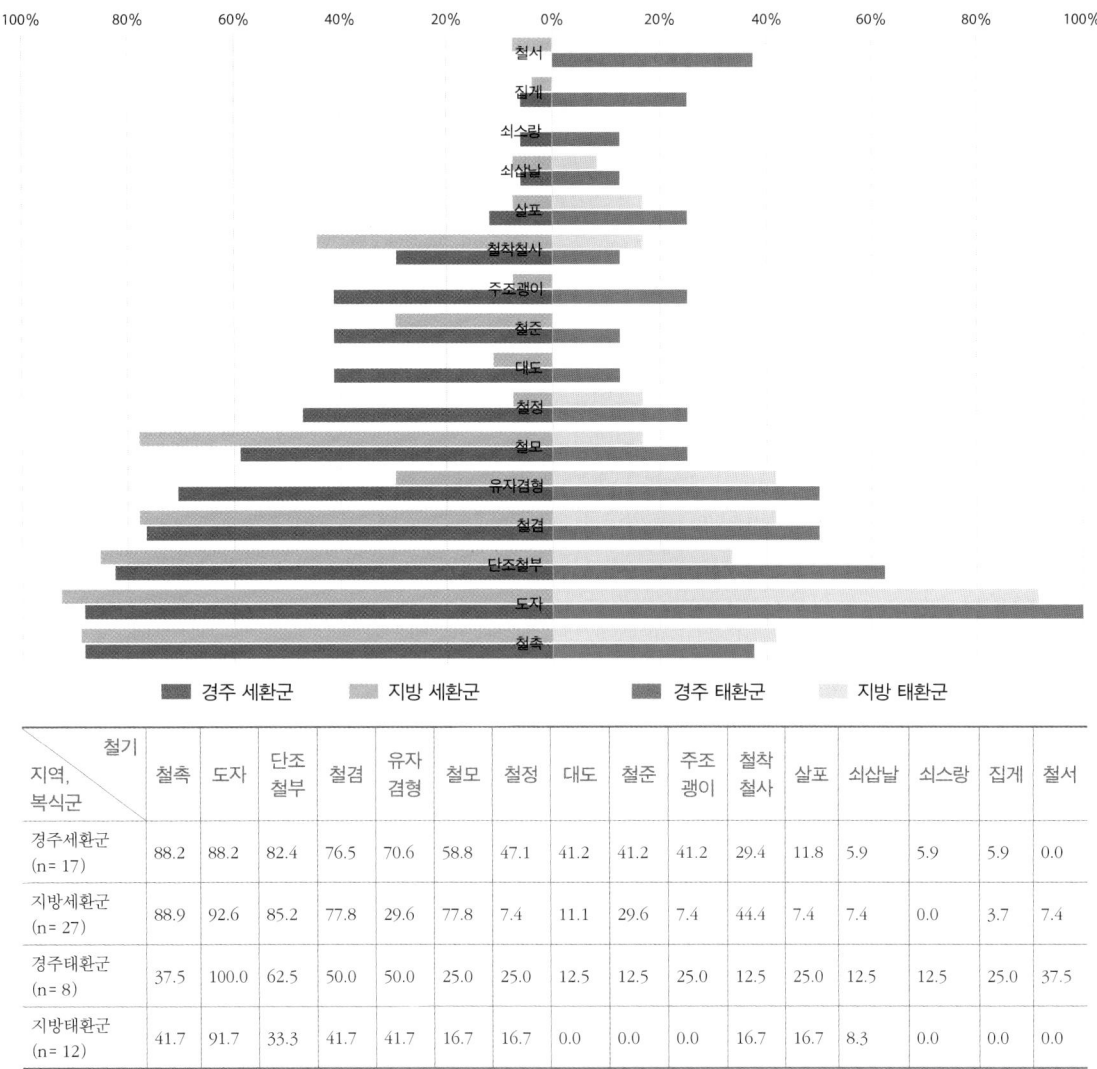

지역, 복식군	철기	철촉	도자	단조철부	철겸	유자겸형	철모	철정	대도	철준	주조괭이	철착철사	살포	쇠삽날	쇠스랑	집게	철서
경주세환군 (n= 17)		88.2	88.2	82.4	76.5	70.6	58.8	47.1	41.2	41.2	41.2	29.4	11.8	5.9	5.9	5.9	0.0
지방세환군 (n= 27)		88.9	92.6	85.2	77.8	29.6	77.8	7.4	11.1	29.6	7.4	44.4	7.4	7.4	0.0	3.7	7.4
경주태환군 (n= 8)		37.5	100.0	62.5	50.0	50.0	25.0	25.0	12.5	12.5	25.0	12.5	25.0	12.5	12.5	25.0	37.5
지방태환군 (n= 12)		41.7	91.7	33.3	41.7	41.7	16.7	16.7	0.0	0.0	0.0	16.7	16.7	8.3	0.0	0.0	0.0

기본적으로 태환군은 세환군에 비해 철기 부장량이 적을뿐더러, 가장 주요한 부장품목인 철촉, 철모, 도자에서도 그러하다. 철촉의 경우 태환군에서도 출토율이 40%에 이르지만, 그 수량면에서는 세환군이 수십~수백점씩 부장되는 데 반해 태환군에서는 수점에 그치는 경우가 절대 다수인 것이다. 그러한 전반적인 경향에서 예외라 할 수 있는 것이 서봉총과 황남대총 북분인데, 잘 알려진 바와 같이 이들은 태환군 중에서도 최상위

[표 3] 신라권의 세환군(43기)과 태환군(20기)의 기물 별 철기 수량 주성분 분석 결과

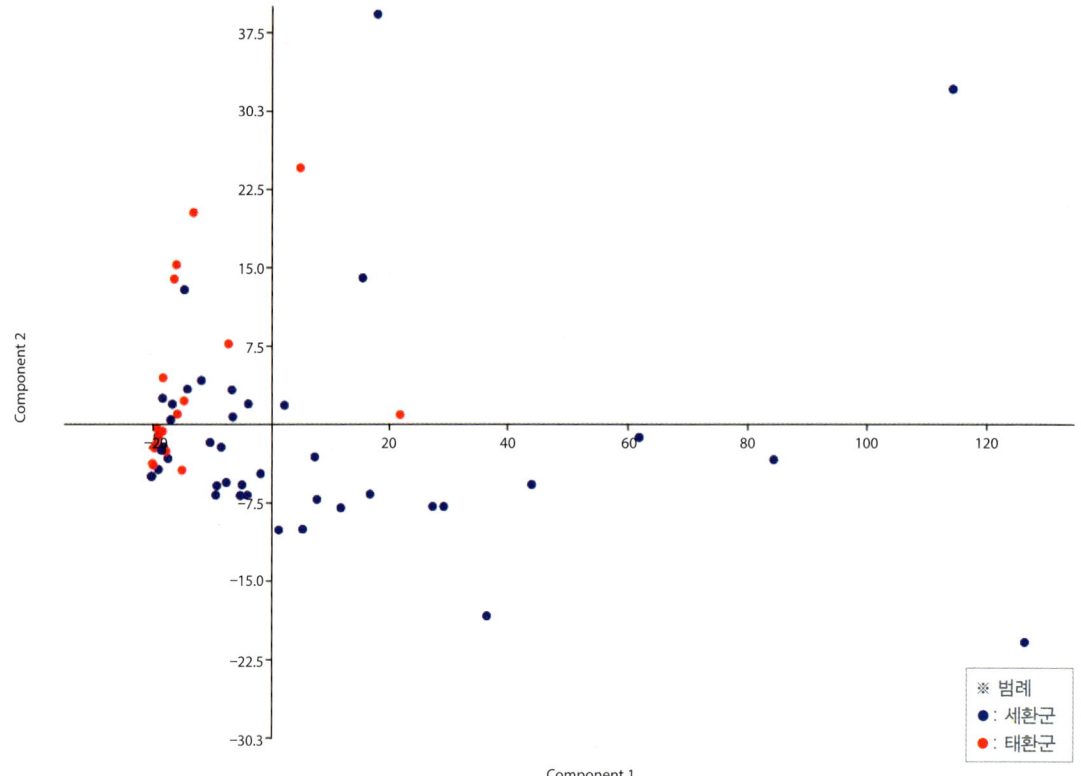

① 기종 별 성분행렬

	PC 1	PC 2	PC 3	PC 4
철촉	0.951	-0.248	-0.166	0.048
철모	0.206	0.161	0.736	-0.610
도자	0.184	0.911	-0.334	-0.092
철정	0.120	0.269	0.535	0.664
단조철부	0.035	0.006	0.173	0.392
철겸	0.034	0.009	-0.051	-0.004
대도	0.030	0.029	0.005	0.061
⋮	⋮	⋮	⋮	⋮

② 주성분 별 기여율

PC	Eigenvalue	변이%	누적
1	920.4	81.9	81.9
2	101.3	9.0	90.9
3	59.0	5.2	96.1
4	21.6	1.9	98.0
⋮	⋮	⋮	⋮

위계의 고분에 해당한다. 즉 태환군에는 세환군과 분명히 구별되는 철기 부장 정형이 존재하되, 피장자의 지위에 따라 일부 예외적인 경향이 있는 것으로 판단할 수 있으며, 이는 성시구와 갑주의 예외적 부장에서 본 바

와 같다.

이상을 요약하면 철기의 부장 양상은 피장자의 복식군에 따라 결정되는 측면이 크며, 중앙과 지방에서 사실상 동일한 양상이다. 전반적인 부장량과 출토율에서 세환군이 태환군을 압도하는 점, 세환군에서 무기류(철촉, 철모, 대도)의 부장량과 출토율이 압도적인 점 등이 특히 그러하다. 결론적으로 말하면 신라권 고분에서 철기 부장의 수량과 종류는 중앙과 지방 모두에서 피장자의 착장 이식에 따라 결정되는 측면이 크다고 할 수 있다.

3. 소결 : 신라의 위세품 체계와 부장 정형

1) 신라의 중앙과 지방에서 나타나는 부장양상의 공통성

이상의 분석에서 드러난, 신라권 고분에서 나타나는 부장 정형의 골자는 다음과 같다. 첫째, 착장형 위세품을 중심으로 하는 복식은 세환군과 태환군으로 양분되며, 각각의 복식군은 배타적인 공반위세품을 갖는 등 서로 구분된다. 둘째, 복식군에 따라 무구와 마구의 구성이 완전히 차별적으로 구성되기도 하여, 극소수 상위계층의 예외는 있으나 성시구, 갑주, 등자는 기본적으로 태환군에 부장하지 않는다. 셋째, 철기의 구성 또한 복식군에 따라 차별적으로 구성되며 종류와 수량이 서로 달리 구성되어 ① 철기의 부장량과 출토율에서 세환군이 태환군을 압도하고, ② 세환군은 철촉, 철모, 철준, 대도를 중심으로 한 무기류가 출토율과 수량에서 태환군을 압도하였으며, ③ 반대로 태환군은 특히 상위위계 고분에서 쇠삽날, 쇠스랑, 철서 등 일부 농구류에서 세환군의 출토율을 앞서는 것으로 나타났다. 넷째로 복식군의 구별과 그에 따른 무구, 마구, 철기의 부장양상의 차이는 신라의 중앙과 지방에서 거의 동일하게 반복되고 있음이 확인되었다. 이를 요약하면 〈표 4〉에서 보는 바와 같다.

이상의 분석은 사실상 현재 가용한 모든 자료를 망라한 것으로, 피장자의 착장형 위세품이 2점 이상 출토된 고분 136기, 그리고 그 중에서 출토 철기가 전량 보고된 미도굴분 고분 64기를 분석한 결과이다. 이러한 자료에서 일관적으로 나타나는 차별적 구성은, 결국 낙동강 이동 지방 전체에서 준수된 부장 규범의 존재를 나타내는 것으로 판단된다. 보다 구체적으로는, 피장자가 지녔던 모종의 정체성이 착장 이식의 주환 종류로 표현되었고, 그러한 정체성이 철기의 부장 구성과 연동하였던 것으로 볼 수 있다. 그리고 공통의 부장양상이 중앙과 지방에서 동일하게 나타난다는 것은, 경주와 지방의 엘리트들이 이식의 종류를 기반으로 하는 공통의 정체성 표현 방식부터 시작해서, 그에 따른 부장품 구성의 구체적 규범까지 공유하고 있었다는 의미가 된다. 이는 세환군과 태환군으로 분리되는 엘리트의 조직화 방식, 장례의례의 수행 방식, 더 나아가 내세관과 종교까지 공유하였다고 해석될 수도 있다.

즉 중앙과 지방을 포괄하여, 신라권 전역에서 착장 이식을 중심으로 복식의 구성이 일정하게 구분되는 평면적 정형성이 존재하며, 착장 이식에 따라서 성시구, 갑주, 등자의 부장 여부가 결정되고, 부장 철기의 양과 종류 또한 결정된다. 그 내용이 매우 구체적이고, 비교적 세밀한 부분까지 규정되며 경주와 지방에서 차별성보다는 공통성이 더 크므로, 양자

[표 4] 신라 고분의 세환군과 태환군 부장양상 차이 요약

고고학적 양상 \ 복식군	세환군	태환군
착장형 위세품	-관식, 관모의 배타적 부장 -높은 장식대도 공반착장율 -중공구수식 공반 전무	-장식대도 착장 사례 극소수 -높은 중공구수식 공반율 -천, 지환, 대관 우세
무구·마구	-부장 제한 없음	-성시구·갑주·등자 부장 제한 (소수 상위 위계 고분에서 예외적 부장)
철기 부장양상	-태환군보다 우세한 부장량 -철촉, 철모, 철준 등 무기류 중심으로 출토율이 높음 -철촉, 철모의 부장량 많음 -태환군에 비해 상대적으로 농구류의 출토율과 비중이 낮음	-세환군보다 부장량 열세 -일부 농구류의 출토율이 세환군보다 높음 -농구류, 공구류의 비중이 높고 무기류는 낮음 (소수 상위위계 고분에서 예외적으로 무기류 비중이 높음)

를 포괄하는 장례 규범 혹은 부장 규범이 존재하였고 그것이 준수된 양상으로 해석된다. 영남 각지의 유구와 토기에서 나타나는 지역성을 고려할 때, 장례 규범의 내용적 측면에서 이러한 공통성이 존재한다는 것은 특기할 만한 것으로, 그간 지배-종속의 정치적 관계로만 보아 온 복식의 사여 혹은 복식제도의 공유가, 부장품의 구성에서 잘 드러나듯 장례 의례의 매우 구체적인 부분까지 지시하고 있었음을 시사하고 있다.

경주의 적석목곽묘와 지방 고분은 그간 관점에 따라서는 서로 다른 정치체의 산물로 해석될 정도로, 양식론적 관점에서 볼 때에는 그 내용과 외형에서는 차이점이 적지 않았다. 하지만 착장 이식을 중심으로 보았을 때에는 공통적인 부장품 구성 방식을 갖는 점이 확인된다. 이는 경주 지역에서 시작된 엘리트의 정체성 표현 방식에서부터, 고총 축조를 위시한 장례의례 규범이 지방 사회의 엘리트에 수용된 결과일 가능성이 크며, 따라서 보다 포괄적인 사회 규범과 질서의 파급과 수용을 강력하게 시사하고 있다.

2) 복식-부장품 구성 정형의 형성 시기

이러한 부장 규범이 성립된 시기가 언제인지 가늠하는 것은 신라라는 정치체가 성장하면서 중요한 기점이 될 것이기에, 이에 대한 추적이 필요하다. 본고에서 파악한 가장 중요한 요소는 세환군과 태환군의 분리이기 때문에, 현재 자료로 보아서는 경주지역에서 가장 이른 태환이식이 출토된 황오동 14호분 단계를 기준으로 삼아야 할 것으로 보인다. 즉 황남대총 남분의 축조 직전이거나 같은 단계에서 성립된 것으로 볼 수 있겠다.

IV. 복천동, 대성동 고분군의 위세품 체계와 철기 부장 양상

이상에서 본 바와 같이, 이식을 중심으로 한 복식군의 차별화, 그리고 무구, 마구, 철기의 부장양상 차별화는 신라권 고분에서 공통적으로 나타나는 현상으로, 신라식의 위세품과 마구, 부장품의 확산이 단지 유물의 양식적인 측면 뿐만 아니라 부장 규범과 함께 확산되었음을 보여준다고 판단된다. 또한 그 성립 시점은 아마도 황남대총 남분의 축조 직전 시기라는 점 또한 대략적으로 가늠할 수 있었다.

그렇다면 이제 복천동과 대성동의 경우에는 어떠한 양상이 나타나는지 살펴볼 차례인데, 가장 큰 문제는 지속적인 조사에도 불구하고 고분군의 규모나 조사 사례에 비해, 도굴분과 파괴분이 많아 양호한 검토 대상이 많지 않다는 점이다. 특히 연산동 고분군의 경우 분석 가능한 대상이 사실상 존재하지 않았다. 복천동, 대성동 고분군에서 착장형 위세품의 조합상과 무구 및 마구의 부장양상이 검토 가능하였던 고분은 11기, 그리고 착장이식이 분명하고 철기의 출토 양상이 분명한 고분은 복천동 고분군에서 세 기에 불과하였다. 분석 대상 중에서 황남대총 남분보다 이른 것은 복천동 10,11호 정도이고 나머지는 대체로 동일하거나 늦은 단계의 것들인데, 이처럼 자료의 절대적인 숫자가 부족하기 때문에 이들이 이 지역을 대표하는 데 충분한 자료가 되는지 문제의 여지가 있는 것은 사실이다. 또한 두 고분군의 문화상에서 여러 세부적인 차이가 관찰되고 있음에도 하나의 그룹으로 묶어 분석할 수밖에 없는 한계도 있다.

한계가 많을 것으로 여겨지지만, 아래에서 보는 바와 같이 복천동, 대성동 고분군의 특성을 보여주는 데에는 큰 문제가 없었다고 판단된다. 주어진 자료 내에서 같은 방식의 분석을 실시하면 내용과 결과는 다음과 같다.

1. 착장형 위세품과 무구, 마구

먼저 분석 대상 고분 11기의 위세품 출토 내역을 살펴보면 〈표 5〉와 같다. 대성동·복천동 고분군의 위세품 출토 양상에서 가장 특징적인 점은 전반적인 고분군의 규모, 개별 유구의 규모나 유물의 출토량에 비해 착장형 위세품의 종류와 구성이 매우 단순하다는 점이다. 대체로 세환이식과 경식, 장식대도 정도만 착장하였으며 관식과 관모, 대장식구는 결여되었다. 금동관이 부장된 고분인 복천동 1호(동아대)에서도 관식과 관모, 대장식구의 결여는 유지된다. 이들은 신라권의 고분에서는 수직적 위계화를 나타내는 데 있어 매우 중요한 요소임에도 결여되었다는 것은 매우 독특한 양상이다. 또한 세환이식도 신라식의 수식부를 갖춘 것을 찾아보기 매우 힘들다.

태환군의 존재가 매우 미약한 점도 특징적이다. 지금까지 대성동과 복천동에서 확인된 태환군은 복천동 7호가 유일한 것으로 여겨진다. 문제는 복천동 7호에서 갑주가 출토되었다는 것인데,[4] 그렇다면 현재까지 고총기 고분 중에서 태환군이되 갑주가 출토된 것은 금관총과 복천동 7호뿐으로,[5] 지방 고분 중에서는 유일무이한 사례가 된다. 앞서 본 바와 같이 황남대총 북분이나 금관총, 달성 55호와 같은 소수의 최상위위계 고분에서는 일반적인 부장규정을 넘어서서 태환군에 성시구, 갑주, 등자의 부장이 이루어졌다. 그렇다면 복천동 7호가 그 정도의 위계를 갖춘 고분이었는지가 문제인데, 도굴로 인해 정확한 파악이 어렵다.

복천동 7호는 복천동 고분군의 북쪽 구릉에 주능선에 입지하는 대

---

4   도굴로 인해 갑주의 출토 정황은 불분명하나 총 7매의 경갑편이 수습되었다.

5   앞서 언급한 바와 같이, 금관총의 착장 이식이 과연 태환이식이 맞는지는 지속적인 논란이 있었다. 본고에서는 일단 최근의 정리에 따라 태환이식으로 두었으나, 만약 태환이식이 아니라 한다면, 영남지역 고총기 모든 고분 중에서 태환이식 착장이되 갑주가 부장된 것은 복천동 7호가 유일한 사례가 된다.

[표 5] 복천동, 대성동 고분군의 착장형 위세품 출토 내역

연번	유구명	착장유물											비고	무구류		마구류				
		관식	관모	세환이식	장식대도	대장식구	대관	경식	지환	천	중공구곡옥	태환이식		성시구	갑주	등자	재갈	안교	운주	행엽
1	복천동 10, 11호			w	w		u							○	○	○	○	○	-	○
2	복천동 111호			w	w								약보고	○	-	-	○	-	-	-
3	대성동 73호			w	w								도굴	○	○	○	?	○	?
4	복천동 53호			w	w			w						-	-	○	-	-	-
5	복천동 8호(동)			w	w			w					약보고	-	○	-	-	-	-
6	대성동 85호			w	w			w						-	-	-	○	○	-	○
7	대성동 86호			w				w						-	-	-	-	-	-	-
8	복천동 1호분(동)			w	w		w	w						-	-	-	○	-	○
9	대성동 87호			w				w						-	-	-	-	-	○	-
10	복천동 7호(동)			w	u			w		w			약보고	-	-	-	-	-	-
11	복천동 7호							w				w	도굴	?	○	?	?	?	○	○

범례
① 착장유물
w : 착장 u : 비착장 p : 출토 여부만 확인됨
② 무구 · 마구류
○ : 출토되어 존재가 확인됨 - : 출토되지 않음 ? : 도굴 등으로 알 수 없음

형의 수혈식석곽묘이고, 금동제 행엽이 출토되기도 하였으나, 경주나 지방의 다른 상위위계 태환군에도 부장하지 않은 갑주를 부장하였을 정도로 위계가 높은 고분이었는지에 대해서는 상당한 의문이 남는다. 복천동 고분군의 위세품 출토 상황이나 다른 지방 고분과의 비교를 통해 추측할 때 복천동 7호가 그 정도로 특별한 위계의 무덤이었을 가능성은 매우 낮다고 여겨진다. 그러한 점에서 복천동 7호의 갑주 부장은 이전 시기 복천동 고분군의 상위 위계 고분에서 지속적으로 이루어진 갑주 부장의 전통을 따랐을 가능성이 큰 것으로 판단되며, 신라식의 부장 규범과는 다른

방식의 부장품 선택이 있었음을 강하게 시사한다.

갑주 부장을 중시하는 것은 무구, 마구의 출토율 전반의 비교에서도 나타나는데, 복천동과 대성동의 무구, 마구 출토율은 신라의 지방 고분 출토율보다 전반적으로 크게 떨어지는 편이지만 갑주만은 두 배 이상의 출토율을 보인다(그림 3).

자료상의 한계가 명백하지만 고분군의 규모나 부장품의 수량에서 동급의 다른 지방 고분군과 비교하였을 때, 복천동과 대성동에서 관식, 관모, 대장식구가 결여된 점, 태환 이식의 착장이 희소한 점은 일견 이해하기 어렵다. 이를 자료상의 한계라 본다 하여도, 무엇보다도 다른 지방 고분에서는 절대적으로 준수된 태환군의 갑주 미부장이 지켜지지 않은 것은 예외로 보기 어려워, 특히 복천동 7호의 조묘자가 여타 신라권 고분의 조묘자와는 다른 방식의 부장품 선택을 하였던 것으로 볼 여지가 크다. 요컨대 적어도 복천동 고분군의 축조집단에게는 신라식의 부장 규정이 수용, 준수되지 않은 것으로 추정된다. 따라서 위세품 체계나 무구, 마구의 부장양상에서 대성동, 복천동 고분군은 여타 신라 고분과는 다른 점이 감지된다.

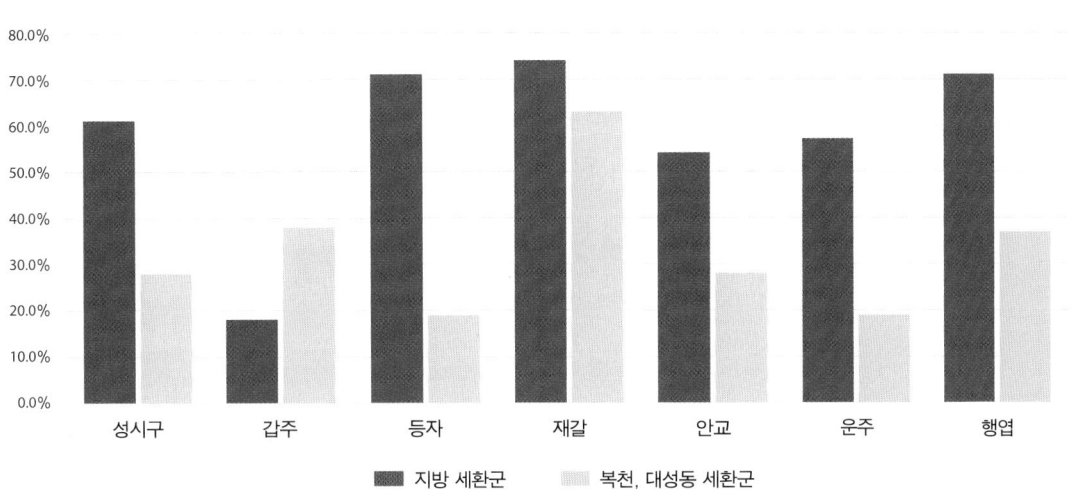

[그림 3] 지방의 세환군 신라 고분 39기와 복천동, 대성동의 세환이식 착장 고분 11기의 무구·마구 출토율 비교

2. 철기의 구성

철기의 구성은 분석 가능한 대상이 복천동 고분의 3기에 불과한 점에서 뚜렷한 한계가 있을 것으로 여겨진다. 신라권 고분과의 비교는 부장 철기와 수량을 압축해서 비교할 수 있는 주성분 분석을 사용하였으며, 그 결과는 〈표 6〉에서 보는 바와 같다.

〈표 6〉에서는 앞서 〈표 1〉에서 나타낸 신라권 고분 63기와 복천동 고분군의 1호(동), 10,11호, 53호의 철기 출토 수량과 종류의 주성분 분석 결과를 도시하였다. 여기에서는 부장된 철기의 수량이 적을수록 x,y 좌표계의 영점(0,0)에 가까워지고, 성분행렬에서 대표되는 철기 수량이 많아질수록 그에 비례하여 영점에서 멀어지게 된다. 〈표 6〉의 내용을 살펴보면, 철기 부장량이 상대적으로 적은 복천동 53호는 영점에 가깝게 위치하여 다른 신라 고분과 구분이 어렵지만, 대량의 철기가 부장된 복천동 10,11호와 1호(동)는 여타 신라 고분 63기와 뚜렷히 구분되는 영역에 분포하고 있어 그들과는 매우 다른 철기 구성을 갖는다는 점이 명백하다. 〈표 6〉의 ② 기종별 성분행렬에서 그 이유가 무엇인지 알 수 있는데, 주성분 2의 철정 때문으로 나타난다. 한마디로 말해서 경주와 지방의 모든 신라 고분과는 달리, 비율과 수량에서 많은 양의 철정이 부장되었다는 것이다.

압도적인 부장량으로 인해 주성분 분석에서 제외하였지만,[6] 신라 고분 중에서 가장 많은 수량과 높은 비율의 철정이 부장된 것은 황남대총 남분으로, 3,291점의 철기 중에서 1,296점(39.4%)의 철정이 부장되었다. 이를 제외하면, 일정 수량 이상의 철기가 부장된 신라 고분 중에서 철정의 부장 비율이 20%를 넘는 것은 수 기에 불과하며,[7] 절대적인 수량도

---

[6] 황남대총 남분의 경우 부장량이 지나치게 압도적이기 때문에, 포함하여 주성분분석을 실시할 경우 '남분 대 여타 모든 고분'의 양상으로 표현되어 적절한 검토가 어렵다.

[7] 황남대총 북분, 노서동 138호, 인왕동 20호, 인왕동 149호, 달성 55호 등으로 대체로 경주와 지방의 상위위계 태환군이 많다. 이들의 철기 부장 비율은 높지만, 철기 부장량 자체가 많지 않기

[표 6] 신라권의 고총기 고분 63기와 복천동 고분군 3기의 철기 수량 주성분 분석 결과

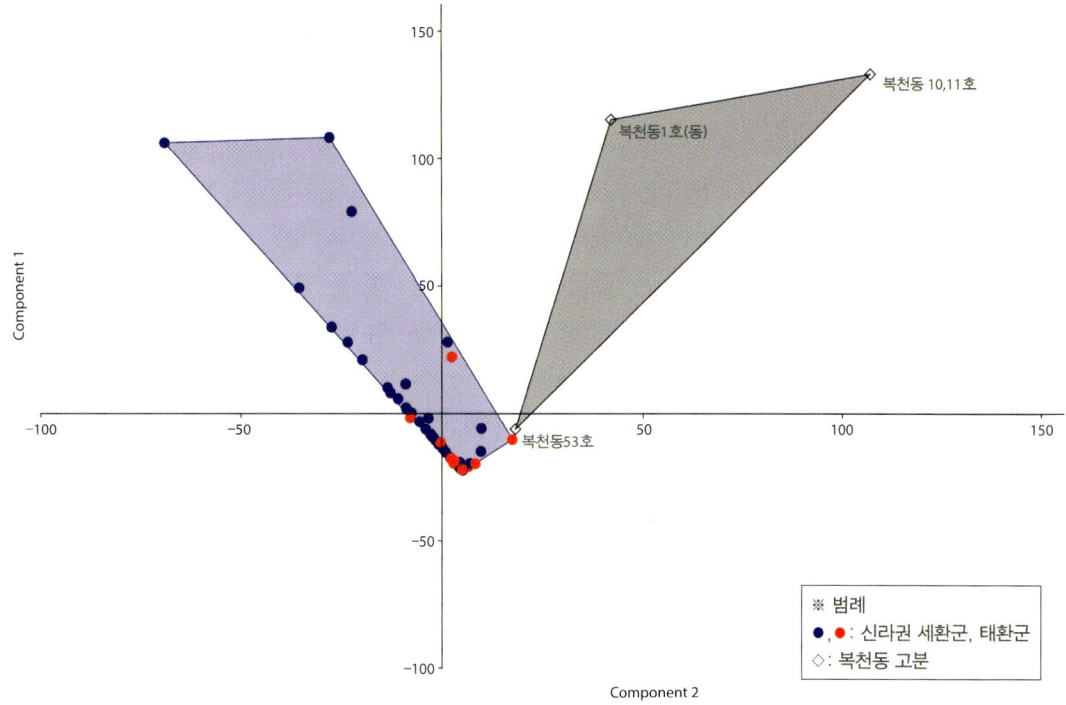

① 기종 별 성분행렬

	PC 1	PC 2	PC 3	PC 4
철촉	0.840	-0.482	-0.186	-0.160
철정	0.496	0.866	0.025	-0.039
철모	0.177	-0.066	0.133	0.961
도자	0.121	-0.104	0.968	-0.164
단조철부	0.033	0.008	0.024	0.143
철겸	0.019	-0.038	0.025	-0.031
대도	0.019	-0.025	0.034	-0.007
⋮	⋮	⋮	⋮	⋮

② 주성분 별 기여율

PC	Eigenvalue	변이%	누적
1	1241.9	69.0	69.0
2	378.9	21.0	90.0
3	110.1	6.1	96.1
4	44.2	2.5	98.6
⋮	⋮	⋮	⋮

40매를 넘는 것이 없다. 그에 반해 복천동 10,11호와 1호(동)의 철정 부장 수량과 비율은 각각 291점 중 166점(57%)과 233점 중 100점(42.9%)으로, 어느 신라 고분보다 높으며, 상대적으로 철기 부장량이 적은 복천동 53

때문에, 대량의 철기가 부장되면서 철정의 부장 비율도 높은 복천동의 여러 고분과는 부장 양상 자체가 다르다.

호도 82점 중 20점(24.4%)로 신라 고분의 일반 양상과는 상당히 다르다.

이러한 양상은 앞서 위세품과 무구, 마구 분석에서 종래의 갑주 부장 전통이 중시되었던 것과 마찬가지로, 금관가야 지역의 철정 부장 전통이 이어진 결과로 해석될 여지가 크다. 그것이 황남대총 남분의 축조 이전(복천동 10,11호)은 물론 이후(복천동 1호(동))에도 계속 이어져 다른 지역의 신라 고분과는 다른 양상의 부장품 선택이 이루어졌음을 보여주고 있다.

V. 복천동·대성동 고분군의 독자적 부장 양상과 그 의미

본고에서 진행한 분석의 내용을 정리하면, 먼저 신라식의 위세품을 비롯한 각종 부장품과 그러한 부장품을 구성하는 방식의 규범성을 중앙과 지방에서 구체적으로 확인하고, 그것의 확산을 부장 규범의 신라화로 파악하였다. 아울러 신라화된 규범적 부장 방식이 황남대총 남분의 축조를 전후하여 낙동강 이동의 각지로 퍼져나간 것으로 보았다. 낙동강 이동 각지의 수장층의 입장에서 이를 적극적으로 수용한 것은 크게 두 가지 이유였던 것으로 추정되는데, 첫째는 신라 중앙과의 유대 강화이고, 둘째는 각 지역 내에서 위계적 차별화와 새로운 사회적 질서 수용을 통해 지배를 강화할 수 있었기 때문일 것이다(하대룡 2016).

다음으로 그러한 신라식의 부장 규범이 복천동과 대성동 고분군에서 나타나는지 확인하였다. 그 결과, 자료의 부족에도 불구하고 다른 신라 지역에서는 확인되지 않는 독자적인 양상이 여러 지점에서 확인되었다.

첫째는 위세품의 종류와 구성이 고분군의 규모나 위계에 비해 매우 단순하고, 세환군과 태환군의 분화가 미약하다는 점이다. 대체로 세환이식과 경식, 장식대도 중심으로 착장하고, 관식과 관모, 대장식구는 결여되었다. 금동관이 부장된 고분인 복천동 1호(동아대)에서도 관식과 관모, 대장식구는 없다. 이러한 양상은 소수 자료를 대상으로 하였기에 나타난 현상일 수도 있으나, 이식 착장 계층을 상하로 양분하는 중요한 요소인 대장식구가 나타나지 않는 점은 주목된다.

둘째는 유일하게 확인된 태환군인 복천동 7호분에서 갑주가 확인된 점이다. 앞서 본 바와 같이 신라 고분에서는 기본적으로 태환군에 성시구, 갑주, 등자를 부장하지 않는 강한 경향성이 있다. 특히 태환군에서 갑주의 부장 사례는, 피장자의 태환이식 착장 여부에 논란이 있는 금관총이 유일하다. 즉 복천동 7호분은 태환이식 착장이면서 갑주가 부장된 유일무이한 고분일 가능성이 있다.

셋째는 철기의 부장양상에 있어, 검토 가능하였던 복천동의 고분 세 기가 특히 철정의 부장이 신라 고분과는 매우 다른 양상을 보였다는 점이다. 신라 고분에서 철정 부장이 강조된 것은 왕릉으로 비정되는 황남대총 남분이 유일한데, 복천동 10,11호와 1호(동아대)는 철정의 부장 비율에서 남분을 앞서고, 부장 수량에서 황남대총 북분을 비롯한 다른 모든 신라 고분을 앞선다. 이러한 양상은 통계적인 분석에서도 잘 드러난다.

본고에서는 앞서 일정한 지역적 범위 내에서 공통적으로 나타나는 위세품과 철기의 부장품 선택과 구성을 장례 규범의 신라화로 보았다. 그리고 그것의 출현 혹은 준수 여부를 복천동, 대성동 고분군의 자료에서 확인한 결과, 이상에서 본 바와 같이 해당 지역에서는 그렇지 않았다는 것을 알 수 있었다.

잘 알려진 바와 같이, 김해·부산지역에서는 상하교호이단투창고배나 금동관을 비롯한 신라식 위세품이 5세기 들어 확인되고, 이를 신라의 영역화 지표로 해석하는 경우가 있다. 하지만 본고의 분석 결과는 이러한 인식과 달리, 그리고 다른 낙동강 이동 지방과 달리, 김해·부산지역에서 이를 신라화의 후행지표로 볼 수 없음을 강하게 시사한다. 특히 신라권 전역에서 준수되는 태환군의 갑주 미부장 규칙이 지켜지지 않는 점과 철정 중심의 철기 부장 양상은, 이 지역에서 목곽묘 단계에서부터 이어져 온 갑주 부장 전통, 그리고 철정 부장 및 이를 시상으로 활용하는 전통이 계속 이어진 결과로 보인다. 그리고 현재 자료 내에서 보면, 남분 축조 이전은 물론 이후에도 그것이 꾸준히 지속된 것으로 보인다.

이러한 양상은, 다른 낙동강 이동 지방의 고총기 고분이 황남대총 남분 축조를 전후해 거의 일률적으로 신라화 하는 것과 매우 다른 모습이다. 부장 규범의 신라화는 단순히 의례적 규범의 도입만을 의미하는 것이 아니라, 세환이식과 태환이식으로 대표되는 엘리트의 조직화 원리를 비롯, 사회적 권력의 분화와 그에 수반한 사회구성 원리 및 이념의 수용을 의미할 가능성이 크다. 그렇기에 여타 신라권에서는 무덤이나 토기의 지역적 양식에 차이가 있음에도 부장 양상에 공통성이 더 크게 나타나는 것으로 해석된다.

그럼에도 불구하고 현재 확인 가능한 복천동과 대성동 고분군의 자료에서는 남분 축조 이전은 물론 축조 이후 상당한 시간이 흐른 뒤에도, 다른 낙동강 이동지역의 신라 고분들과는 달리 신라식의 부장 규정의 준수가 이루어지지 않고 있다. 그보다는 갑주와 철정 부장 중심의 전통이 이어지고 있는 것으로 파악되어, 당시 사실상 낙동강 이동지역 전역에서 준수된 신라의 의례 방식을 수용하지 않고 독자적인 의례 방식을 유지한 것으로 이해된다.

이는 신라 중앙과 김해, 부산지역의 관계에 대해 중대한 함의를 갖는데, 금관가야 지역의 엘리트들이 일정 시점까지는 신라화의 수용을 적극적으로 거부하였거나, 애초에 여타 신라권 지역과는 달리 수용할 필요가 없었음을 의미한다. 앞서 낙동강 이동 지방에서 신라화가 적극적으로 수용된 배경에는, 각지 엘리트가 지역 단위 내에서 위계적 차별화와 지배 강화 의도가 있다고 보았다. 이러한 관점에서 착안한다면 김해, 부산지역의 엘리트는 다른 지역과는 상당히 차별화되는 지배 기반을 가지고 있어서, 신라 중앙에서 파급되는 새로운 사회적 질서를 수용할 필요가 없었던

것으로 이해할 수 있다.[8]

한편으로는 그와 동시에 신라의 대표적 위세품으로 이해되는 출자형 입식 금동관이 나타나는 이유에 대해서도 설명이 필요하다. 앞서 본 바와 같이, 신라권에서 착장형 위세품은 여러 종류의 것들이 공반되거나 배타적 관계를 가지고 부장되며, 이는 단순한 장신구가 아니라 서로의 조합이 일정한 의미를 가지고 있었음을 뜻한다. 그리고 그러한 의미의 연결은 위세품을 넘어서 무구와 마구, 철기까지도 이른다. 그러나 그러한 의미와 의미의 연결망은, 적어도 복천동 고분군의 조묘자에게는 부장품을 선택함에 있어 기준이 되지 못하였던 것으로 보이며, 이러한 상황에서 부장된 신라식 위세품은 신라권에서 가졌던 의미의 맥락에서는 분리된, 단순한 위세품으로써 선택되었을 가능성이 크다. 그 제작지가 어디이든, 입수 경로가 어떠하든 복천동의 금동관 부장 선택과 여타 신라권의 금동관 부장 선택은 그 맥락이 명백히 달랐던 것으로 이해할 수 있다.

VI. 결론

본고에서는 신라 지역의 고분을 관통하는 부장품 선택의 정형성과 그 배후의 장례 규범의 수용을 신라화로 잠정 정의하고, 낙동강 이동 지방의 고총기 고분 126기를 대상으로 위세품과 무구·마구, 그리고 철기(64기)의 구성에서 그 일단을 파악하였다. 그리고 그것의 출현 혹은 존재 여부를 대성동, 복천동 고분군에서 확인한 결과, 분석 가능하였던 11기(철기의 부장 양상은 3기)에서 여타 신라 고분과는 매우 다른 양태의 부장품

---

8 구체적으로 그 기반이 어떤 것인지, 그리고 왜 신라가 이 지역의 독자성을 그대로 두었는지는 대단히 흥미로운 문제이나 본고의 방법론으로는 실증적인 접근이 어려운 바, 차후의 과제로 남겨두고자 한다.

선택 기준이 존재하여, 본고에서 정의한 신라화가 남분 축조 이전은 물론 이후에도 수용되지 않은 것으로 보았다. 이처럼 낙동강 이동의 신라권에서 나타나는 고분 자료의 다양성과 동시에 그 이면의 의례적 공통성을 이형동의(異形同意)라 요약할 수 있다면, 그에 상대적으로 신라권과 김해·부산지역의 비교 결과는 동형이의(同型異意)로 요약할 수 있겠다.

그리고 각 지역 엘리트가 신라화된 장례 의례를 도입한 배경에는 신라 중앙과의 유대 강화와 함께 지역 단위 내에서 차별적 지위의 강화 의도가 있었다고 여겨지는바, 이를 거부한 배경에는 다른 지역의 엘리트와는 차별화되는 독자적인 정치적 기반이 있었을 것으로 추정하였다. 주지하다시피 고대 사회에서는 의례와 정치가 밀접하게 연관되어 있으므로, 이는 금관가야 지역이 남분 축조 이후에도 신라 중앙으로부터 상당한 독립성을 가지고 있었음을 시사한다.

이상의 분석은 복천동, 대성동 고분군이 극심한 파괴와 도굴을 겪어 매우 한정된 자료로 이루어져, 상당한 한계가 있다. 그러나 그 소수의 자료에서, 다른 고총기의 신라권 어디에서도 나타나지 않는 독특한 의례적 선택이 관찰되며, 특히 갑주와 철정의 부장에서 이전 시기에서부터 이어지는 높은 일관성이 인정된다. 마지막으로, 금관가야 지역이 언제 신라화되는지에 대한 답은 아마도 연산동 고분군의 자료에 있을 것으로 여겨진다. 하지만 본고의 분석 방법론상 현재 그에 대한 접근은 불가하다. 연산동 고분군에서 양호한 자료의 추가를 기대해 본다.

참고문헌

金大煥, 2016, 「Ⅳ. 2015年 發掘 調査」, 『慶州 金冠塚(遺構篇)』, 국립중앙박물관.
金斗喆, 2011, 「皇南大塚 南墳과 新羅古墳의 編年」, 『韓國考古學報』 80.
金斗喆, 2017, 「연산동고분군과 고대부산」, 『항도부산』 34.
金在弘, 2011, 『韓國 古代 農業技術史 硏究 - 鐵製 農具의 考古學』, 도서출판 考古.

배효원, 2016, 「1. 5세기 후반 복천동고분군 출토 토기의 검토」, 『복천동고분군 VIII -4·7·12·13·30號墳』, 釜山大學校博物館.

신동조, 2014, 「신라의 농공구」, 『신라고고학개론』, 진인진.

우병철, 2014, 「신라의 무기」, 『신라고고학개론』, 진인진.

尹相悳, 2016, 「金冠塚 被葬者의 性格 再考」, 『考古學誌』 22, 국립중앙박물관.

이희준, 2002, 「4~5세기 신라 고분 피장자의 服飾品 着裝 定型」, 『韓國考古學報』 47.

조성원, 2019, 「금관가야 고고학의 연구성과와 흐름」, 『한국고대사연구』 94.

朱甫暾, 1996, 「麻立干時代 新羅의 地方統治」, 『嶺南考古學』 19.

하대룡, 2016, 「고총단계 신라 고분의 부장 정형과 그 함의 - 착장형 위세품과 무구, 마구를 중심으로」, 『韓國考古學報』 101.

Härke, H., 1997, The Nature of Burial Data, in Jensen, C. K. and K. H. Neilsen eds : *Burial and Society*, Aarhus University Press.

[부표 1] 고총기 신라 지역 출토 착장형 위세품의 순서배열과 성시구·갑주·마구류의 공반관계

연번	유구명	지역	착장유물										비고	무구류		마구류				
			관식	관모	세환이식	장식대도	대장식구	대관	경식	지환	천	중공구곡옥	태환이식		성시구	갑주	등자	재갈	안교	운주	행엽
1	대리리3호	의성			w	w									O	-	-	O	-	-	-
2	대리리46-4호	의성			w	w									-	-	O	O	-	-	-
3	황오동16호9곽	경주			w	u									-	-	-	O	-	-	-
4	미추7지구7호	경주			w	w									-	-	-	O	-	-	-
5	초당동A-1호	강릉	u		w	w	u								O	-	O	O	O	O	O
6	황오동100번지1호	경주	u	u?	p	p								약보고	?	?	?	?	?	?	?
7	쪽샘B3호	경주			w	w									O	-	O	O	O	O	O
8	쪽샘B2호	경주			w	w									-	-	O	O	O	O	O
9	대리리 7호	의성	w		w										-	-	-	-	-	-	-
10	대리리46-1호	의성	w		w	w									-	-	-	-	-	-	-
11	황남동109호1곽	경주		w	w	w	w*								O	-	O	O	O	O	O
12	달성37호2곽	대구	p	p	p	p	p*							식리	O	-	O	O	O	O	O
13	달성34호1곽	대구	p	p	w	w	w								?	O	O	O	O	O	O
14	황상동1호	대구	p		w		w							식리	-	-	-	O	-	-	O
15	화원성산1호	대구	w		w	p	w							도굴	-	-	-	O	-	-	O
16	성산동1호	성주	w												O	-	-	-	-	-	-
17	대리리46-2호	의성	w		w	w									O	-	-	-	-	-	-
18	대리리49-1호	의성	w		w	w									-	-	-	-	-	-	-
19	달성51호2곽	대구	p		p	p	p							식리	-	-	-	-	-	-	-
20	탑리II곽	의성	w		w	w	w							식리	O	-	-	-	-	-	-
21	달성59호	대구	p		p	p	p							도굴	O	-	-	O	O	O	O
22	교동1호(동아대)	창녕	p			p	p							도굴	O	-	-	-	-	-	-
23	교동89호	창녕	p	p	p		p	p						약보고	O	O	-	O	-	-	O
24	황남동110호	경주	p	p	p	p	p		p						-	-	O	O	O	O	O
25	계남1호	창녕	p		w	w	w	p							-	-	-	-	-	-	-
26	인왕동19호J곽	경주													-	-	-	-	-	-	-
27	북정리8호	양산			p	p	p*								-	-	-	-	-	-	-
28	성산동57호	성주			w	w	w*								O	-	-	-	-	-	O
29	대리리3호2곽	의성					u								-	-	-	-	-	-	-
30	미추C지구11호	경주			w		w*							약보고	?	?	?	?	?	?	?
31	황오동16호11곽	경주			w		w								O	-	O	O	O	O	O
32	황오동100번지2호	경주			w	w								약보고	?	?	?	?	?	?	?
33	미추7지구5호	경주		p	p		p	p							-	-	?	O	-	-	-
34	황오동100번지3호	경주			w	w	w							약보고	?	?	?	?	?	?	?
35	조영EI-2호	경산			w	w	w							도굴	O	-	O	O	-	O	O

연번	유구명	지역	착장유물										비고	무구류		마구류					
			관식	관모	세환이식	장식대도	대장식구	대관	경식	지환	천	중공구곡옥	태환이식		성시구	갑주	등자	재갈	안교	운주	행엽
36	태화동 7호	안동			w	w	w								○	-	○	○	○	○	○
37	쪽샘B1호	경주			p	p	p								○	-	○	○	○	○	○
38	황오동파괴고분2곽	경주			p	p	p								-	-	○	○	-	○	○
39	대리리2호B-1호	의성			p	p	p							도굴	-	-	○	-	○	-	-
40	문산3-2호	대구			p	p	p							도굴	○	○	○	○	-	○	○
41	대리리 49-2호	의성			w		w								○	-	○	○	○	○	○
42	탑리III곽	의성	w		w	u	w		w						○	-	-	-	-	-	-
43	황오동33호동곽	경주	.	w	w	w	w		w						○	-	○	○	-	○	-
44	조영EII-1	경산	p		p	p	p			p				도굴	○	-	○	○	○	○	○
45	임당7B호	경산	p		p	p	p	p	p					도굴	○	-	○	○	○	○	○
46	문산4-1호	대구	u	u		p	p							도굴	○	-	○	○	-	○	-
47	대리리2호A-1	의성			w			w							○	-	○	○	○	○	○
48	임당6A호	경산		p	p	p	p	p	p					도굴	○	-	○	○	○	○	○
49	양산부부(주인)	양산	w	w	w	u	w	w	w					식리	○	-	○	○	○	○	○
50	황오동16호4곽	경주		p	w	w	w				w#				○	-	○	○	○	○	○
51	황오리54을	경주	u		w	w		w						약보고	○	-	-	-	-	-	-
52	문산3-4호	대구			w	p		u	p					도굴	-	-	○	-	-	○	-
53	조영CII-2호	경산			w	w		w							○	-	○	○	○	○	○
54	황오동16호2곽	경주					w	p								○	-	○	○	○	○	○
55	인왕동149호	경주			w	w	w		w						○	-	-	-	-	-	-
56	황오리고분남곽	경주			w	p		w								○	-	○	○	○	○	○
57	황오동14호1곽	경주	u		w	w	w								○	-	○	○	○	○	○
58	쪽샘41호	경주			w	w	w							약보고	○	-	○	○	○	○	○
59	조영CI-1호	경산	u		w	w	w								○	-	○	○	○	○	○
60	임당2북호	경산		p		p	p	p	p					도굴		○	-	○	○	○	○	○
61	문산2호	대구				p		p						도굴	-	-	○	○	-	○	-
62	황오동16호1곽	경주		w	w		w	p			w			식리		○	-	○	○	○	○	○
63	황남대총남분	경주	u	u	w	w	w	w		u				식리	○	-	○	○	○	○	○
64	미추D지구1호1곽	경주				w*								약보고	?	?	?	?	?	?	?
65	인왕동19호G곽	경주			w			w							○	-	○	-	-	○	-
66	불로91호3곽	대구			w			w						도굴	-	-	○	○	-	-	-
67	미추A지구3호1곽	경주			w	u									○	-	○	-	-	○	-
68	조영EI-1호	경산	p		w	w	w*		w	w#											
69	교동주차장부지	창녕			w	w		w						도굴	○	-	○	○	○	○	-
70	황남동82호 동곽	경주			w	u	w		w		w#										
71	식리총	경주		u	w	w	w			w				식리							

연번	유구명	지역	관식	관모	세환이식	장식대도	대장식구	대관	경식	지환	천	중공구곡옥	태환이식	비고	성시구	갑주	등자	재갈	안교	운주	행엽
72	인왕동C군1호(147호)	경주		u	p	p	p		p		p#			약보고	?	?	?	?	?	?	?
73	임당2남호	경산			p		p	p	p	p				도굴	?	?	?	?	?	?	?
74	조영EIII-2호	경산				p	p	p	p	p				도굴	-	O	O	O	O	-	O
75	교동7호	창녕			p	p	p	p	p	p	p			약보고	-	-	O	O	O	O	O
76	천마총	경주	u	u	w	w	w	w	w	w	w			식리	-	O	O	O	O	O	O
77	호우총	경주												식리	O	-	O	O	O	O	O
78	황오동4호분	경주			w	w	w		w	w	w			식리	-	-	O	O	-	O	O
79	노동리4호분(옥포총)	경주		u	w	w	w		w						O	O	O	O	-	O	O
80	금령총	경주		u			w		w					식리	-	-	O	O	O	O	O
81	은령총	경주			w			w						식리	-	-	O	-	O	O	O
82	보문리고분(대정7년)	경주			p	p*		p	p	p					?	?	O	?	O	O	?
83	노서동138호	경주			w										-	-	O	O	O	O	-
84	탑리I곽	의성			w		w	w	w		w				-	-	-	-	-	-	-
85	안계리4호북곽	경주			w				w		w				-	-	-	-	-	-	-
86	북정리21(금조총)	양산				w	w	w		w	u	u			-	-	-	-	-	-	-
87	인왕동A군1호	경주				p		p				p		약보고	?	?	?	?	?	?	O
88	인왕동20호	경주				u	w		w		w		w		-	-	O	O	O	O	O
89	황남동82호서총	경주				w	w						w		-	-	-	-	-	O	O
90	달성50호2곽	대구				w									-	-	-	-	-	-	-
91	황오리32-1호	경주			p	w	w	w	w	p	w			식리	-	-	-	O	O	O	-
92	임당5B1주	경산				p	p	p	p	p#	p			도굴	-	-	O	O	O	O	O
93	보문부부(적석)	경주			w		p						w		-	-	-	-	-	-	-
94	달성37호1곽	대구				u	w	u	w				w		-	-	-	-	-	-	-
95	조영EII-2호	경산				w	w	w	w#	w	w				-	-	-	-	-	-	-
96	금관총	경주	u	u		u		u						식리	-	O	O	O	O	O	O
97	황남대총북분	경주		u		u		u	u					식리	O	-	O	O	O	O	O
98	서봉총	경주				w	w	w		w	w			식리	-	-	O	O	O	O	O
99	황오리고분북곽	경주					u								-	-	-	-	-	O	-
100	양산부부총부인	양산	u	u					w						-	-	-	-	-	-	-
101	황오동16호8곽	경주					w				w		w		-	-	-	-	-	-	-
102	달성55호	대구		u		u	w	u					w		식리	-	O	O	O	O	O
103	황오동1호남곽	경주				w		w	w	w#	w	w			-	-	-	-	O	O	-
104	교동12호	창녕				w								약보고	-	-	-	-	-	O	-
105	황오동16호6곽	경주				w		w	w#	w					-	-	-	O	-	-	-
106	황오동5호분	경주				w		w	w	w	w				-	-	-	-	-	-	-
107	황오리54갑	경주							w	w	w			약보고	-	-	-	-	-	-	-

연번	유구명	지역	착장유물										비고	무구류		마구류				
			관식	관모	세환이식	장식대도	대장식구	대관	경식	지환	천	중공구곡옥	태환이식		성시구	갑주	등자	재갈	안교	운주	행엽
108	인왕동156-2호	경주					p		p		p	p	p	약보고	?	?	?	?	?	?	?
109	황오동100번지6호	경주					p						p	약보고	?	?	?	?	?	?	?
110	임당7C호	경산					p	p	p	p#	p	p			O	-	-	O	-	O	O
111	임당7A호	경산	u					w	w	p	w	w		곡옥수식	-	-	O	O	O	O	O
112	조영EIII-3호	경산					p	w			w			도굴	-	-	-	O	O	O	O
113	문산1호	대구					p				p			도굴	-	-	-	O	O	O	O
114	문산3-1호	대구					p				p			도굴	-	-	-	O	O	-	-
115	조영CI-2호	경산						w		p				도굴	-	-	-	O	O	O	O
116	조영CII-1호	경산					u	w			w			곡옥수식	-	-	-	-	-	-	O
117	노서동215번지	경주						w	w	w		w			?	?	?	?	?	?	?
118	불로91호2곽	대구						w		w#		w		도굴	-	-	O	O	-	-	-
119	미추C지구3호	경주						w				w		약보고	?	?	?	?	?	?	?
120	계성II지구1호분1차	창녕						w				w			-	-	-	-	-	-	-
121	조영EIII-8주	경산					u	w	p		w	w			-	-	O	-	-	-	O
122	초당동A-2호	강릉						w	w		p				-	-	-	-	-	-	-
123	인왕동19호C곽	경주						w			u				-	-	-	-	-	-	-
124	황오동100번지7호	경주						w	w			w		약보고	?	?	?	?	?	?	?
125	인왕동19호E곽	경주						w				w			-	-	-	-	-	?	-
126	인왕동19호F곽	경주						w				w			-	-	-	O	-	O	-
127	미추9구역A호1곽	경주						w				w			-	-	-	O	O	O	O
128	화원성산1호4곽	대구						w				w			-	-	-	-	-	-	-
129	대리리46-5호	의성						w				w			-	-	-	-	-	-	-
130	초당동B16호	강릉				u	u	w							-	-	-	-	-	-	-
131	황오동33호서곽	경주					p		p		w	w			-	-	-	O	-	O	O
132	성산동58호	성주						w	w			w			-	-	-	O	-	O	O
133	인왕동B군2호	경주						p	p			p		약보고	?	?	?	?	?	?	?
134	황오동14호2곽	경주						w			w	w			-	-	-	O	-	O	O
135	보문부부(석실)	경주									w		p		-	-	-	-	-	-	-
136	대리리2호주변2호	의성					u					w			-	-	-	-	-	-	-

범례
① 착장유물
w : 착장 u : 비착장 p : 출토 여부만 확인됨 * : 역심형과대 # : 유리옥제 천
② 무구·마구류
O : 출토되어 존재가 확인됨 - : 출토되지 않음 ? : 도굴 등으로 알 수 없음

[부표 2] 분석 대상 고분의 철기 출토 현황

연번	유구명	지역	착장이식	철촉	대도	철모	철준	주조괭이	쇠삽날	쇠스랑	살포	철서	철겸	단조철부	철착철사	집게	유자겸형	철정	도자
1	금관총	경주	태환	2	4	5	6	1	0	0	0	2	0	2	2	1	0	0	6
2	금령총	경주	세환	28	0	4	1	4	0	0	2	0	4	0	0	1	4	6	53
3	서봉총	경주	태환	19	0	0	0	0	0	2	4	2	4	3	0	0	4	0	24
4	천마총	경주	세환	118	9	35	0	7	0	0	0	0	2	1	1	0	0	37	55
5	황남대총남분	경주	세환	1028	32	424	31	300	16	20	0	0	0	80	0	0	10	1296	54
6	황남대총북분	경주	태환	38	0	8	0	6	0	0	0	3	0	4	0	0	1	20	9
7	식리총	경주	세환	30	1	10	3	0	0	0	1	0	1	0	0	0	2	0	27
8	황남동110호	경주	세환	49	1	3	0	6	0	0	0	0	7	6	1	0	2	0	9
9	노서동138호	경주	세환	1	0	2	1	0	0	0	0	0	0	1	1	0	2	8	17
10	인왕동149호	경주	세환	10	0	6	0	2	0	0	0	0	0	1	0	0	13	12	6
11	인왕동20호	경주	태환	0	0	0	0	0	1	0	0	0	0	5	0	0	0	4	3
12	쪽샘B1호	경주	세환	20	6	3	3	2	0	0	0	0	1	2	0	0	2	3	11
13	황오동5호	경주	태환	0	0	0	0	0	0	0	0	0	0	0	0	0	0	0	3
14	미추9구A호1곽	경주	태환	0	0	0	0	0	0	0	0	1	1	2	0	0	2	0	1
15	인왕동(경문연)10호	경주	세환	0	0	0	0	0	0	0	0	0	0	0	0	0	0	0	0
16	쪽샘B2호	경주	세환	56	0	1	1	0	0	0	0	0	5	2	0	0	3	0	16
17	쪽샘B3호	경주	세환	27	0	0	0	0	0	0	0	0	4	2	0	0	4	0	9
18	쪽샘B6호	경주	태환	0	0	0	0	0	0	0	0	0	2	3	0	0	2	0	22
19	계림로44호	경주	세환	22	0	2	0	0	0	0	0	0	2	1	2	0	0	0	0
20	미추4A구3호2곽	경주	세환	15	1	0	1	0	0	0	0	0	3	2	0	0	0	0	2
21	미추5구8호	경주	태환	0	0	0	0	0	0	0	0	0	0	0	0	0	4	0	1
22	미추9구A호2곽	경주	세환	1	0	0	0	0	0	0	0	0	1	3	0	0	0	0	3
23	미추9구A호3곽	경주	세환	2	1	0	0	0	0	0	0	0	1	1	1	0	1	0	8
24	쪽샘B4호	경주	세환	0	0	0	0	0	0	0	0	0	3	3	0	0	3	3	7
25	황남동95-6번지4호	경주	세환	2	0	0	0	0	0	0	0	0	1	1	0	0	2	1	6
26	대리리3호	의성	세환	16	0	2	0	0	0	0	0	0	1	1	0	0	0	0	2
27	대리리5호	의성	태환	0	0	0	0	0	0	0	0	0	1	0	0	0	0	0	0
28	대리리7호	의성	세환	26	0	3	0	0	0	0	0	0	0	0	0	0	0	0	1
29	대리리46-1호	의성	세환	32	0	2	0	0	0	0	0	0	3	3	0	0	0	0	5
30	대리리46-2호	의성	세환	59	0	2	0	0	0	0	0	0	2	2	1	0	0	0	1
31	대리리46-4호	의성	세환	11	0	0	0	0	0	0	0	0	1	2	0	0	0	0	1
32	대리리46-5호	의성	태환	1	0	0	0	0	0	0	0	0	0	1	0	0	0	0	5
33	대리리47-1호	의성	세환	1	0	0	0	0	0	0	0	0	0	1	0	0	0	0	1
34	대리리49-1호	의성	세환	28	0	1	0	0	0	0	0	0	3	2	1	0	0	0	5
35	대리리49-2호	의성	세환	15	0	1	1	0	0	0	0	0	1	2	0	0	0	0	3
36	태화동7호	안동	세환	2	0	2	0	1	0	0	0	0	0	0	0	0	0	0	2
37	병산동9호	강릉	세환	11	0	0	0	0	0	0	0	0	0	3	0	0	0	0	2

연번	유구명	지역	착장이식	철촉	대도	철모	철준	주조괭이	쇠삽날	쇠스랑	살포	철서	철겸	단조철부	철착철사	집게	유자겸형	철정	도자
38	장학리1호	성주	세환	18	0	1	0	0	0	0	0	0	0	2	1	0	0	0	5
39	화원성산1호4곽	대구	태환	0	0	0	0	0	0	0	0	0	0	0	0	0	0	0	3
40	황상동1호	대구	세환	12	0	3	0	0	0	0	0	0	1	2	0	0	1	0	2
41	대리리2호주변2호	의성	태환	0	0	0	0	0	0	0	1	0	0	0	0	0	0	0	5
42	계남1호	창녕	세환	44	3	11	0	0	0	0	2	1	4	21	1	0	4	21	0
43	달성34호1곽	대구	세환	6	0	2	0	0	0	0	0	0	3	2	1	0	4	0	11
44	달성37호1곽	대구	태환	0	0	0	0	0	0	0	0	0	3	1	0	0	8	0	20
45	달성37호2곽	대구	세환	14	0	4	0	0	0	0	0	0	3	2	1	0	8	0	10
46	달성50호	대구	태환	0	0	0	0	0	0	0	0	0	2	1	1	0	4	0	10
47	달성51호2곽	대구	세환	11	0	0	1	0	0	0	0	1	0	0	0	0	0	0	6
48	달성55호	대구	태환	0	0	1	0	0	0	0	1	0	2	20	0	0	4	17	22
49	대리리2호A-1호	의성	세환	0	0	0	0	0	0	0	0	0	0	1	0	0	0	0	3
50	대리리2호B-1호	의성	세환	4	2	1	0	0	0	0	0	0	1	2	0	0	0	0	10
51	대리리3호2곽	의성	세환	9	0	0	0	0	1	0	0	0	1	2	1	0	0	0	6
52	북정리21호	양산	태환	0	0	0	0	0	0	0	0	0	0	0	0	0	0	2	3
53	북정리8호	양산	세환	0	0	0	0	0	0	0	0	0	0	2	1	0	0	0	0
54	화원성산1호	대구	세환	12	0	2	0	0	0	0	0	0	1	1	2	0	2	0	9
55	성산동1호	성주	세환	1	0	2	2	0	0	0	0	0	0	2	0	0	0	0	3
56	성산동38호	성주	세환	0	0	1	1	0	1	0	0	0	3	1	0	0	0	0	4
57	성산동57호	성주	세환	37	0	1	1	0	0	0	0	0	1	2	0	0	0	0	8
58	성산동58호	성주	태환	4	0	0	0	0	0	0	0	0	0	0	0	0	0	0	9
59	임당5B2호	경산	태환	2	0	0	0	0	0	0	0	0	0	0	0	0	2	0	3
60	임당7C호	경산	태환	5	0	0	0	0	0	0	0	0	0	0	0	0	0	0	2
61	조영CI-1호	경산	세환	147	5	12	4	1	0	0	0	0	8	6	2	0	2	0	20
62	조영CII-1호	경산	태환	5	0	29	0	0	1	0	0	0	6	4	0	0	1	0	10
63	조영CII-2호	경산	세환	93	0	53	1	0	0	0	0	1	2	9	0	0	3	25	10
64	조영EI-1호	경산	세환	77	0	22	3	0	0	0	0	0	3	6	7	1	2	0	21
65	복천동 1호분(동)	부산	세환	100	0	20	0	0	0	0	0	0	0	6	0	0	4	100	3
66	복천동 53호	부산	세환	0	1	10	0	2	0	0	0	0	1	11	0	0	4	20	33
67	복천동 10,11호	부산	세환	82	0	13	0	0	0	0	0	0	2	4	5	2	2	166	15

「금동관 부장을 통해 본 고대 사회[1]」에 대한 토론문

류진아 울산박물관

발표자는 신라권역에서 확인되는 착장 위세품의 부장 정형을 장례 규범으로 파악, '신라화'로 정의하고, 이 '신라화'가 대성동, 복천동 고분군에서도 나타나는지를 검토하여 이 지역의 성격을 규명하고자 하였습니다.

착장 위세품이 고총단계 피장자 정체성의 일단을 반영하는 적절한 대리지표일 것이라는 의견에 대해서 동감하며, 발표문에 대해 몇 가지 질문을 드리고자 합니다.

1. 발표의 제목은 '금동관 부장을 통해 본 고대 사회'이지만, 발표의 내용은 위세품 체계를 중심으로 진행되어, '금동관'의 부장의 의미에 대해서는 충분한 검토가 이루어지지 못 한 것 같습니다.

'신라화'가 이루어지지 않은 김해·부산지역에서 어째서 복식품 부장정형에서 최고 위계에 해당되는 금동관이 확인되는 것인지 그 배경에 대한 발표자의 견해가 궁금합니다.

2. 발표자께서는 복천동과 대성동 고분군의 위세품 체계의 분석 결과 '신라화'가 확인되지 않으며, 갑주와 철정 부장 중심의 전통이 이어지

---

[1] 논문의 제목이 "금동관을 넘어서 : 위세품과 철기의 부장 정형 비교를 통해 본 신라권과 김해·부산지역"으로 변경되었으나 토론문에서는 학술대회 당시의 논문 제목을 그대로 표기하였다.

고 있으므로 금관가야 지역의 엘리트들이 일정 시점까지 '신라화'의 수용을 거부하거나 수용할 필요가 없었다고 밝히고 있습니다.

그렇다면 이는 김해·부산지역의 정치적 독립을 이야기하는 것인지요? 정치적으로 독립되어 있었다면 어떠한 양상인지 말씀해 주시기 바랍니다.

3. 발표자께서는 통계 프로그램을 적극 활용하여 여러 연구를 진행하신 것으로 압니다. 고고학 자료 분석에 통계 프로그램이 사용된 것은 꽤 오랜 시간이 흘렀지만, 통계 결과(그래프와 표)의 해석이 어려운 분들도 많은 것이라 생각됩니다. 본문 중 주성분 분석의 결과 값을 나타낸 그래프와 표에 대해서 간략하게 설명을 추가해주신다면 토론자를 비롯하여 학술대회 참가자들의 이해를 높이는데 큰 도움이 될 것이라 생각합니다.

편집 후기

　　국립김해박물관은 가야 문화 복원을 위해 가야사 기초자료 정리, 가야 선주민 연구, 가야 전사 연구, 가야사람 풍습연구, 가야 복식 연구, 가야 출토품 연구 등 총 6개의 과제를 선정하여 2019년부터 "가야학술제전"을 개최하고 있다. 6과제 중 하나인 가야 복식 연구는 가야인들의 삶과 밀접한 관계를 가지는 의생활에 관련된 연구라고 할 수 있다. 하지만 가야의 복식을 연구하기에는 실물은 물론 그 기록조차 희박하여 조그마한 직물 조각부터 장신구까지 폭넓은 분야를 다루어야 한다.

　　올해 연구주제로 선정된 금동관은 귀걸이, 목걸이, 금동신발 등과 함께 당시 지배층의 복식을 구성하며 피장자의 지위를 가늠하는 중요한 단서이다. 부장품은 피장자의 지위나 장례 규범 등 여러 가지 상황과 사회적 규범에 따라 정해지기 때문에 관은 단순한 장신구가 아니라 수많은 의미를 가지고 있다고 할 수 있다. 또한 금동관과 같은 지배층이 사용한 장신구는 지역적 특색을 잘 보여줄 뿐 아니라 제작기술 수준까지 엿볼 수 있다.

　　하지만 가야 지배층이 사용했던 복식 중 "금동관"을 조사연구하고 가야만의 특색과 체계를 이야기하기에는 비교 연구 대상이 너무 적은 것이 현실이다. 또한 바로 이웃하고 있는 신라의 금공품에 비해 가야의 금공품은 매우 단출하다고 할 수 있다. 이러한 이유로 가야 금동관의 특색을 찾아내기 위한 비교연구에 금동관 뿐 아니라 그 제작기법, 부장양식까지 확대하여 연구를 진행하게 되었다. 그 결과로 '가야와 신라 관(冠)의 비교', '부산 복천동 고분군 출토 금동관의 구조와 특성', '백제 금동관의 금공기술 연구', '금동관을 넘어서: 위세품과 철기의 부장정형 비교를 통해 본 신라권과 김해·부산지역' 등 4개의 연구주제가 책으로 발간되게 되었다.

연구 대상품의 단편적인 자료와 희박한 문헌자료 등으로 연구진행에 많은 한계를 가지고 있으나 가야 복식 연구는 여러 연구자들의 꾸준한 노력으로 착실하게 기초를 다져나가고 있다. 이와 같은 노력들이 모여 가야 복식, 나아가서는 가야의 문화를 복원하는데 중요한 역할을 함에는 틀림이 없다. 이 책을 기초자료로 더 많은 조사 연구가 이루어지고 가야인들의 복식 문화를 확인하고 더 나아가 가야 문화사 복원에 대한 이해의 폭을 넓히는 계기가 될 것으로 기대한다.(김연미)